Nikolaus Schneider:

Von Erdenherzen
und Himmelsschätzen

Nikolaus Schneider

Von Erdenherzen und Himmelsschätzen

neukirchener
aussaat

Dieses Taschenbuch wurde auf FSC®-zertifiziertem Papier gedruckt. FSC (Forest Stewardship Council) ist eine nichtstaatliche, gemeinnützige Organisation, die sich für eine ökologische und sozialverantwortliche Nutzung der Wälder unserer Erde einsetzt.

Bibliografische Information der Deutschen Nationalbibliothek
Die Deutsche Nationalbibliothek verzeichnet diese Publikation in der Deutschen Nationalbibliografie; detaillierte bibliografische Daten sind im Internet über http://dnb.d-nb.de abrufbar.

© 2011 Neukirchener Verlagsgesellschaft mbH,
Neukirchen-Vluyn
Alle Rechte vorbehalten
Umschlaggestaltung: Andreas Sonnhüter, Düsseldorf, unter
Verwendung eines Fotos von © Sandra Stein/evangelisch.de/ekir
Lektorat: Marlene Fritsch, March
DTP: Typomedia GmbH, Ostfildern
Verwendete Schriften: Sabon, Optima
Gesamtherstellung: CPI – Ebner & Spiegel, Ulm
Printed in Germany
ISBN 978-3-7615-5843-0

www.neukirchener-verlage.de

Inhalt

Für Anne –
Himmelsschatz
für mein
Erdenherz

Vor-Worte

Die große Frage

Es gibt ein wunderbares Bilderbuch von Wolf Erlbruch mit einer Vielzahl von Antworten auf die große Frage eines kleinen Jungen: „Warum eigentlich bin ich auf der Welt?". Da sagt zum Beispiel die Großmutter: „Natürlich bist du auf der Welt, damit ich dich verwöhnen kann." Da sagt der Blinde: „Du bist auf der Welt, um zu vertrauen." Da sagt der Stein: „Du bist da, um da zu sein." Und da sagt der Tod: „Du bist auf der Welt, um das Leben zu lieben." Dem Tod ins Gesicht sehen und dabei nicht aufhören, das Leben zu lieben, das kann nur gelingen, wenn Himmelsschätze unsere Erdenherzen inspirieren und bewegen. Mit ganz vielen Himmelsschätzen in ihrem Erdenherzen konnte so Meike, meine jüngste Tochter, inmitten ihrer Todesangst dichten und beten:

Manchmal
ganz früh am Morgen
ist der Nebel viel zu dicht,
umhüllt mich mit Ängsten,
mit der Ahnung von kommenden Schmerzen,
mit Negativprognosen,
mit Stimmen, die verklungen sind.
Hände, die ich nicht halten konnte,
greifen dann nach mir.
Ich danke dir so sehr, mein Gott,
für den ewigen Lichtstrahl,
den du mir so geduldig schickst,

der den Nebel auflöst
und die Schatten verscheucht,
der meine Tränen trocknet,
dass meine Sicht wieder klar wird,
der mich erinnert an die Liebe, die Kraft,
die Menschen, die mit mir sind.

Manchmal,
mitten am Tag,
verlässt mich der Mut,
überfällt mich der Zweifel:
Woher nehme ich nur die Sicherheit,
dass dieser Kampf sich lohnt?

Ich danke euch so sehr, meine Lieben,
dass ihr mich immer wieder herausreißt
aus Lethargie und Frustration.
Danke für die stete Erinnerung daran,
dass ich mein Leben liebe und nicht loslassen will!

MEIKE SCHNEIDER in ihrem Tagebuch „Ich will mein Leben tanzen" im Januar 2004 – ein Jahr nach Ausbruch ihrer Leukämie – ein Jahr vor ihrem Tod.

Denn Himmel und Erde
sind Bruder und Schwester

Himmel und Erde, Gottes unsichtbares ewiges Reich und unsere sichtbare vergängliche Menschenwelt, wie hängen diese beiden Wirklichkeiten für uns Christenmenschen zusammen? Sind es in sich abgeschlossene, für uns jeweils unüberwindbar abgegrenzte Bereiche? Bleibt uns Irdischen die Erfahrung des Himmels verschlossen, bis der Tod uns von der Erde scheidet?

Und wenn wir gehen,
gehen wir zum Himmel.
Und wenn wir kommen,
kommen wir zur Erde.
Und wenn wir auf der Erde straucheln,
hebst DU uns auf in den Himmel.
Denn Himmel und Erde
sind Bruder und Schwester.

HANNS DIETER HÜSCH

Himmel und Erde sind Bruder und Schwester, so dichtet und besingt es Hanns Dieter Hüsch. Bruder und Schwester, Kinder gemeinsamer Eltern, untrennbar verbunden zu einer Familie. Dem Himmel ist es nicht gleichgültig, wenn die Erde strauchelt!
Wenn der Himmel, wenn Gottes Reich uns nicht schon im Hier und Jetzt, inmitten unserer irdischen Wirklichkeit erfahrbar wäre, dann wären wir Christenmenschen – um es mit den Worten von Paulus zu sagen – die „elendesten unter allen Menschen" (1. Korinther 15,19).

13

Gott selbst hat den Himmel untrennbar mit der Erde verbunden.

Ja, wir Christenmenschen können und müssen es noch radikaler denken und sagen: Gott hat sich selbst in Jesus Christus untrennbar mit der Erde und den Menschen verbunden! Nur indem wir unsere Erdenherzen diesem großen und einmaligen Himmelsschatz öffnen, können wir tragfähige Antworten auf die großen Fragen des Lebens gewinnen. Unsere Erdenherzen brauchen die Bindung an den Himmel, um angesichts des Todes und aller Todesmächte nicht an der irdischen Wirklichkeit zu zerbrechen, um nicht gleichgültig, zynisch oder depressiv zu werden. Unsere Erdenherzen brauchen Himmelsschätze, um glauben, hoffen und lieben zu können. Davon erzählen die Texte dieses Buches.

Es sind neben Texten aus der Heiligen Schrift solche von Menschen, die mein Nachdenken und Reden bereichern und inspirieren. Überwiegend aber sind es Texte, die aus meinem eigenen Nachdenken und Arbeiten „im Weinberg des Herrn" entstanden sind.

Gott schuf den Menschen zu seinem Bilde

Geschaffen zum Ebenbild Gottes, das bedeutet doch zweierlei: Die Erdenherzen von uns Menschen haben Antennen für die Himmelsschätze Gottes. Und: Wir Menschen tragen Verantwortung vor Gott und für diese Erde.

Geschaffen zum Ebenbild Gottes

„Gott, der die Welt gemacht hat und alles, was darin ist,
er, der Herr des Himmels und der Erde,
wohnt nicht in Tempeln, die mit Händen gemacht sind.
Auch lässt er sich nicht von Menschenhänden dienen
wie einer, der etwas nötig hätte,
da er doch jedermann Leben und Odem und alles gibt.
Und er hat aus einem Menschen das ganze Menschen-
geschlecht gemacht,
damit sie auf dem ganzen Erdenboden wohnen,
und er hat festgesetzt, wie lange sie bestehen
und in welchen Grenzen sie wohnen sollen,
damit sie Gott suchen sollen,
ob sie ihn wohl fühlen und finden könnten;
und fürwahr, Gott ist nicht ferne von einem jeden
unter uns.
Denn in ihm leben, weben und sind wir;
wie auch einige Dichter bei euch gesagt haben:
Wir sind seines Geschlechts.
Da wir nun göttlichen Geschlechts sind,
sollen wir nicht meinen,
die Gottheit sei gleich den goldenen, silbernen
und steinernen Bildern,
durch menschliche Kunst und Gedanken gemacht."
(Apostelgeschichte 17,24–29)

Gott, dessen Wort und Willen sich unsere Welt
und alles Leben verdanken,
ist nicht das Produkt philosophischer Gedankenspiele
oder theologischer Projektionen.
Gott, der Ewige und der Lebendige,

hat es nicht nötig, dass wir Menschen ihn in
geisteswissenschaftlichen Gedankenketten
oder in naturwissenschaftlichen Laborversuchen
beweisen wollen.

Gott hat alle Männer und alle Frauen
„nach seinem Bilde" geschaffen.
Nicht, damit Einzelne von uns sich hier auf Erden
als arrogante Herrgötter aufspielen,
anmaßend über das Leben anderer Menschen entscheiden
oder kleinkariert über die Moral anderer Menschen
urteilen.
Gott-ebenbildlich geschaffen sind wir,
damit wir Verantwortung übernehmen für Frieden
und Gerechtigkeit
in unseren Beziehungen und Gemeinschaften,
und damit wir eintreten für die Bewahrung unserer Erde.
Vor allem aber
hat Gott uns nach seinem Bilde geschaffen,
damit wir sein Wort hören und verstehen können,
damit wir in einer vertrauensvollen Beziehung zu ihm
leben, sterben und auferstehen.

„Du sollst dir kein Bildnis machen!" –
dieses Gebot gilt um der Liebe willen für alle unsere
menschlichen Beziehungen.
Das Festlegen von Menschen auf von uns entworfene Bilder
verhindert und zerstört jede lebendige Beziehung
und widerspricht der Liebe.
Um wie viel mehr gilt das für unsere lebendige Beziehung
und für unsere Liebe zu Gott.

Gott lässt sich nicht
von unseren menschlichen Vorstellungen, Bildern
und Dogmen einfangen und begrenzen.
Gott ist viel mehr und viel größer
als alle unsere theologischen, konfessionellen
und kirchlichen Denkmuster.
Darum seid gewiss:
Es entspricht nicht dem Willen oder dem Plan Gottes,
dass wir Menschen uns die Köpfe einschlagen
oder einander Ketzerhüte aufsetzen,
um die Verbindlichkeit unserer je eigenen Gottes-
vorstellungen, Konfessionen und Religionen durchzusetzen.
Wohl brauchen wir Verwurzelung und Beheimatung
in unseren konfessionellen Gemeinden.
Aber Gott wird uns am Ende unseres irdischen Lebens
ganz gewiss nicht aufgrund einer bestimmten Religions-
zugehörigkeit
oder Kirchenmitgliedschaft gerecht sprechen.

Was Gott um seiner und um unserer Gerechtigkeit willen
von uns erwartet,
das hat er im Leben, Sterben und Auferstehen
seines Sohnes Jesus Christus offenbar gemacht:
Gottesliebe und Menschenliebe
sollen das Trachten unserer Herzen,
das Reden unseres Mundes,
das Tun unserer Hände
und alle Begegnungen und Beziehungen
unseres Alltags bestimmen.
Darin sind alle Gebote und Weisungen Gottes umschlossen.

„Es ist dir gesagt, Mensch, was gut ist"

„Es ist dir gesagt, Mensch, was gut ist, und was der Herr von dir fordert, nämlich Gottes Wort halten und Liebe üben und demütig sein vor deinem Gott."
Dieses Bibelwort aus dem Buch des Propheten Micha (6,8) bedeutet mir viel. Die Worte des Propheten sind so grundsätzlich und in bestem Sinn „fundamental", dass in ihnen der ganze Horizont des uns offenbarten Gotteswillen aufleuchtet.
Als Erstes haben wir nicht zu reden, sondern zu hören. Das Wesentliche wird uns gesagt. Von uns wird die Bereitschaft erwartet, auch wirklich zuhören zu wollen, uns mit allen eigenen, noch so guten und gut gemeinten Analysen und Erkenntnissen zunächst zurückzunehmen. Das Entscheidende, das, was wirklich weiterhilft, wenn unser Leben gelingen soll, das wird uns von Gott gesagt.
Der Prophet Micha verdichtet hier die Zehn Gebote zu drei Grundhaltungen:
1. Gehorsam gegen Gottes Gebote,
2. Liebe zu den Mitmenschen und
3. das Ablegen unseres menschlichen Hochmuts und Eigensinns.

Zum Ersten: Gehorsam sein heißt erst einmal: Hören. Im Hören auf Gottes Gebote erfahren wir grundlegende Hinweise für ein gelingendes Leben in allen Bereichen: der Schutz des Eigentums als grundlegende soziale Basis für unser Leben; der Schutz von Leib und Leben; der Schutz vor übler Nachrede, damit Vertrauen entstehen kann; die Begrenzung der eigenen Gier nach dem, was anderen gehört; die Achtung vor der älteren Generation; die Wahrung eines lebensdienlichen Lebensrhythmus' und der Schutz vor grenzenloser Ausbeutung; die Einsicht darin, was und wer der Mensch ist und wer Gott für uns ist.

Zum Zweiten: Liebe muss geübt werden. Es reicht nicht, romantische Gefühle zu hegen. Und es reicht auch nicht, richtige Einsichten und wohltuende Verhaltensweisen zu erkennen und zu bedenken. Liebe will und muss getan werden! Mit Kreativität und Mut, aber auch mit Besonnenheit und Vernunft soll Liebe geübt werden, und zwar eine Liebe, die mehr und anderes ist als Verliebtheit und ein Kribbeln im Bauch. Die Nächstenliebe, die Gott in unsere Erdenherzen pflanzt, umfasst unser Fühlen, Denken und Handeln. Sie zielt ab auf Treue, Vertrauen, Verlässlichkeit und barmherziges Tun.

Solche Liebe zu üben ist nicht leicht. Das gut Gemeinte kann sich so schnell ins Gegenteil verkehren. Ein nüchterner, vernünftiger Lebenssinn ist gefordert, eine Pragmatik des Handelns, die die Bedingungen gerechten und vernünftigen Verhaltens mit der barmherzigen Zuwendung zu unseren Nächsten, insbesondere den bedürftigen Nächsten im Blick behält.

Zum Dritten: Menschen sollen demütig vor Gott wandeln. Demut meint, nicht dem Wahn zu verfallen, dass wir selbst uns zu Herrn der Welt aufschwingen können. „Master of the Universe" – so bezeichneten sich Investmentbanker der Wall Street. Es war diese maßlose Verkennung der eigenen Person, der eigenen Fähigkeiten und Möglichkeiten, die zu allen anderen Maßlosigkeiten führte: völlig überzogene Gewinn- und Einkommensforderungen, Geschäfte ohne realwirtschaftlichen Bezug, „Schneeballsysteme" als Geschäftsmodelle und schließlich der Handel mit „faulen

Krediten". Wenn davon genug zusammenkommt, lässt sich auch bei schönster Verpackung der „große Gestank" nicht mehr vermeiden.

Die Einsicht darin, wer wir sind und wer Gott ist, das ist im Grunde die Basis für unseren Glauben. Unser menschliches Maß akzeptieren, das ist die Voraussetzung für ein gelingendes Leben.

Die Zusage, dass wir wissen können, was gut ist, geht bei dem Propheten Micha – wie später bei dem Gottessohn Jesus Christus – einher mit der Ansage dessen, was Gott von uns erwartet. Zuspruch und Anspruch gehören zusammen. Dieses Zusammenspiel macht die Verbindlichkeit aller Gottesoffenbarungen aus. Deshalb gehören für jede biblisch gegründete Ethik Freiheit und Verantwortung untrennbar zusammen.

Am 8. Februar 1929 begann Dietrich Bonhoeffer seinen Vortrag „Grundfragen einer christlichen Ethik" mit dem Satz: „Nicht in dem Sinne, um den Versuch zu unternehmen, der doch schlechterdings hoffnungslos ist, in den ethischen Fragen der Gegenwart christlich allgemeingültige Normen, Gebote aufzustellen, sondern vielmehr nur, um die eigentümliche Bewegung der ethischen Probleme der Gegenwart unter der Beleuchtung christlicher Grundideen zu sehen und an ihr teilzunehmen, werden wir heute von Grundfragen einer christlichen Ethik sprechen."

Das gilt, denke ich, auch heute, mehr als achtzig Jahre später, für die ethischen Fragen und Probleme unserer Gegenwart: Christlicher Glaube und christliche Ethik können nicht zu allgemeingültigen Normen und nicht zu zeitlos gültigen Prinzipien führen. Christlicher Glaube und eine auf Christus bezogene Ethik halten vielmehr das Fragen der Menschen nach Gottes Wort und Willen offen. Um es mit Bonhoeffers Worten zu sagen: „Der Sinn der gesamten ethischen Gebote Jesu ist vielmehr der, dem Menschen zu sagen: Du stehst vor dem Angesicht Gottes, Gottes Gnade waltet über dir, du stehst aber zum Andern in der Welt, musst handeln und wirken, so sei bei deinem Handeln eingedenk, dass du unter Gottes Augen handelst ..."

Ethische Entscheidungen, die sich unter Gottes Augen stellen, versuchen zwei theologische Grunderkenntnisse zusammenzuhalten.

Zum einen: Gott ist der Schöpfer und Herr allen Lebens. In Demut und Ehrfurcht vor Gott sind wir Menschen gehalten, unser menschliches Maß nicht zu überschreiten. Und zum anderen: Wir Menschen sind als „Bild Gottes" geschaffen. Teil dieser Gottesebenbildlichkeit ist unsere Freiheit, das Leben auf dieser Erde konkret zu gestalten. Dabei war es schon Bonhoeffer klar, dass die Freiheit eines Christenmenschen, sich unmittelbar Gott zu unterstellen, im Konkreten zu unterschiedlichen – oft sogar widersprüchlichen – ethischen Entscheidungen auch innerhalb der Kirche führen kann. Denn zu keiner Zeit und an keinem Ort war und ist es Menschen geschenkt, den Willen Gottes umfassend und absolut zu erkennen. Wie es der Apostel Paulus so schön formuliert: „Wir sehen jetzt durch einen Spiegel ein dunkles Bild (...); jetzt erkenne ich stückweise, dann aber werde ich erkennen, wie ich erkannt bin" (1. Korinther 13,12).

Unsere ethischen Entscheidungen im Hier und im Jetzt sind immer den Beschränkungen des Hier und Jetzt, also unserem begrenzten Blick und unserem unvollständigen Erkennen unterworfen. Diese Spannung gilt es in der Pluralität aller ethisch verantwortbar zu gewinnenden Entscheidungen auszuhalten. Und gleichzeitig gilt, was wiederum Bonhoeffer schreibt: „Nun werden wir aber Tag für Tag, Stunde für Stunde vor nie dagewesene Situationen geführt, in denen wir uns entscheiden sollen, und in denen wir immer wieder die eine überraschende und erschreckende Erfahrung machen, dass der Wille Gottes sich unseren Augen nicht so eindeutig enthüllt, wie wir hofften und das darum, weil offenbar der Wille Gottes in sich selbst widerspruchsvoll zu sein scheint (…), dass wir nicht in der Lage sind, zwischen Gut und Böse, sondern zwischen Böse und Böse zu wählen. Und hier liegen die eigentlich schwierigsten Probleme der Ethik."

Der Anspruch des Glaubens

Jeder Mensch braucht eine „innere Verfassung", um mit sich selbst im Reinen und deshalb in Gemeinschaft mit anderen und in Frieden mit seiner Umwelt leben zu können. Erst das persönliche Ethos ermöglicht es jedem einzelnen Menschen, mit seiner inneren Dynamik zurechtzukommen. In der jüdischen Überlieferung werden die Zehn Gebote deshalb auch die „Zehn Erlaubnisse" genannt – Erlaubnisse zum Leben.

Aus biblischen Begründungszusammenhängen für gelingendes Leben ergeben sich gleichsam Grundprinzipien für menschliches Handeln: Es ist die Freiheit eines jeden Menschen zu achten. Dieses Prinzip ist ableitbar aus der Gottesebenbildlichkeit aller Menschen. Damit ist gemeint, dass sich Gott die Menschen zu einem Gegenüber in einer „Ich-Du-Beziehung" geschaffen hat.

Aus der Gottesebenbildlichkeit lässt sich das zweite Grundprinzip ableiten: Menschen sind in die Verantwortung genommen, Gottes Schöpfung zu bebauen und zu bewahren. Dies ist als ein dynamischer Prozess zu verstehen: Bewahrung kann nur durch Fortentwicklung aufgrund neuer Erfordernisse in der jeweiligen Zeit gelingen.

Das dritte Grundprinzip ist die Achtung vor der Würde der gesamten Schöpfung, so wie sie im Ruhegebot, im „Sabbatgebot" zum Ausdruck kommt. Die Würde der Schöpfung und die Würde eines jeden einzelnen Menschen drücken sich darin aus, dass sie nicht unbegrenzt verdinglicht oder verzweckt werden dürfen.

Freiheit, Verantwortung und die Achtung der Würde eines jeden Menschen und der gesamten Schöpfung sollen also die handlungsleitenden Prinzipien für den Menschen sein.

Diese Grundprinzipien christlicher Ethik stellen gerade an Menschen in leitenden Positionen besondere Anforderungen. Durch ihr Verhalten und ihre Äußerungen beeinflussen sie auch die Systematik wirtschaftlichen Lebens, gerade in Zeiten, die auf einen ungehemmten faktischen Materialismus, auf schrankenlose Bereicherung und im leider nicht so seltenen Extremfall auch auf Korruption und Betrug setzen.

Ökonomisches Denken, erfolgreiches Wirtschaften steht nicht per se dem Glauben entgegen oder wäre gar als unethisches Verhalten zu bezeichnen. Es ist die Grundlage für wirtschaftlichen Erfolg und das Bestehen im Wettbewerb. Wir dürfen mit Dank feststellen, dass die Gewinne der deutschen Wirtschaft – trotz der momentanen Krise – auch die soziale Sicherung in Staat und Gesellschaft ermöglichen. Ökonomisches Denken und Handeln kann allerdings dann in den Geruch des Unanständigen kommen, wenn es sich verabsolutiert, wenn es sich aus dem gesellschaftlich gültigen Sozial- und Wertesystem verabschiedet. Das Zusammengehen von Glaube und wirtschaftlichem Handeln erscheint heute eher als Widerspruch denn als Erfolgsrezept. Die Orientierung am christlichen Glauben legt Beschränkungen auf, die für erfolgreiches Wirtschaften von vielen auf den ersten Blick nicht akzeptiert werden. Ich dagegen bin davon überzeugt, dass die aus dem Glauben erschlossenen Grundprinzipien menschlichen Handelns Voraussetzungen für nachhaltig erfolgreiches Wirtschaften sind.

Menschenbilder

Ein Mensch pflückt, denn man merkt es kaum,
ein Blütenreis von einem Baum.
Ein andrer Mensch, nach altem Brauch,
denkt sich, was der tut, tu ich auch.
Ein dritter, weil's schon gleich ist, fasst
jetzt ohne Scham den vollen Ast.
Und sieh, nun folgt ein Heer von Sündern,
den armen Baum ganz leer zu plündern.
Von den Verbrechern war der erste,
wie wenig er auch tat, der schwerste.
Er nämlich übersprang die Hürde
der unantastbar reinen Würde.

Ein Mensch, der schon als kleiner Christ
weiß, wozu er geschaffen ist:
„Um Gott zu dienen hier auf Erden
und ewig selig einst zu werden!" –
vergisst nach manchem lieben Jahr
dies Ziel, das doch so einfach war,
das heißt, das einfach nur erschienen:
denn es ist schwierig, Gott zu dienen.

Ein Mensch betrachtete einst näher
die Fabel von dem Pharisäer,
der Gott gedankt voll Heuchelei
dafür, dass er kein Zöllner sei.
Gottlob! rief er in eitlem Sinn,
dass ich kein Pharisäer bin!

EUGEN ROTH

„Da kann man nichts machen"
ist ein gottloser Satz

Wir dürfen uns nicht von der Ohnmacht überwältigen lassen.
„Da kann man nichts machen" ist ein gottloser Satz.
So ist es eben, Hunger hat es immer gegeben, heißt sagen:
Gott hat keine Hände.

Zu denken, ich als einzelne kann sowieso nichts ändern,
heißt, sich selber abzuschneiden von der Liebe Gottes.
Es ist ja nicht wahr, dass du allein bist. Wir haben alle und
an jedem Ort viel mehr Schwestern und Brüder, als wir
glauben.

Der Glaube an das Evangelium beginnt mit ihrer Entde-
ckung: Geschwister zu entdecken, die neuen Namen des
Reiches Gottes durchzubuchstabieren und frei zu werden
vom Zwang einer brutalen, Mensch und Tier vernichten-
den Zeit.

Wir legen diese Zeit aus Eisen und Blut, aus Kälte und
Gleichgültigkeit in Gottes gute Hände, Hände, die arbei-
ten an der Befreiung, Hände, die heilen, Hände, die teilen.

Die Zeit ist von Gott gefüllt,
und die Welt, in der niemand hungern muss,
liegt vor unseren Augen.
Kehrt um und vertraut der Botschaft,
die die Verlorenen rettet.

DOROTHEE SÖLLE

Gott hat sich in Jesus Christus untrennbar mit der Erde und den Menschen verbunden

Himmel und Erde, Erdenherzen und Himmelsschätze sind miteinander verwoben, weil Gott, der Schöpfer des Himmels und der Erden, sich untrennbar mit dieser seiner und unserer Menschenwelt verbunden hat.

Siehe, Gott hat vor uns eine Tür aufgetan

„Siehe, ich habe vor dir eine Tür aufgetan und niemand kann sie zuschließen" (Offenbarung 3,7).
Eine Tür wird für mich geöffnet. Jemand macht sie für mich auf. Ein starkes Bild, zumindest für alle, die schon vor verschlossenen Türen gestanden haben: Vor Türen, die Menschen im Zorn über uns zugeworfen haben, und wir blieben traurig und verletzt zurück, konnten den anderen oder die andere nicht mehr erreichen, nichts mehr erklären.
Vor verschlossenen Türen, die uns gefangen halten in Ängsten und Unsicherheit, vielleicht sogar in Verzweiflung und Depression. Vor verschlossenen Türen, die uns die Möglichkeit nehmen, beruflich weiterzukommen. Vielleicht, weil wir zu schlechte Zeugnisse haben, vielleicht, weil wir nicht die richtigen Beziehungen haben.
Eine Tür wird für mich geöffnet. Jemand macht sie für mich auf. Ich muss nicht selbst krampfhaft nach dem Schlüssel suchen. Ich muss nicht mit Gewalt gegen verschlossene Türen anrennen. Die für mich geöffnete Tür befreit mich aus Ängsten und eröffnet mir neue Lebensperspektiven. Was für ein starkes Bild, das uns hier in der Offenbarung zugesprochen wird!
Das Neue Testament deutet das Handeln Gottes in Jesus Christus als das Öffnen der Tür zum Gottesreich. Verdichtet wird das im Johannesevangelium, wenn Jesus von sich selbst sagt: „Ich bin die Tür" (Johannes 10,7). Jesus Christus verbindet den Himmel mit der Erde.
Jesus Christus ist die Tür zum Gottesreich.
Jesus Christus zeigt uns Menschen, wer Gott für uns ist, was Gott für uns tut und was Gott von uns Menschen fordert.

Jesus Christus öffnet Lebenstüren und Herzenstüren.
Jesus Christus schenkt durch sein Reden und Handeln neue
Lebensmöglichkeiten.

Jesus Christus eröffnet neue Gottesbeziehungen und Gotteserfahrungen. Nachfolge heißt deshalb für uns Christenmenschen: Weil wir gewiss sind, dass Jesus Christus uns die Tür zu Gott und dem Gottesreich geöffnet hat und offen hält, deshalb können auch wir durch unser Reden und Handeln Türen öffnen für unsere Mitmenschen.

Das bezeugt uns der Seher Johannes in seinem Buch der Offenbarung: Der erhöhte Christus, der Heilige und Wahrhaftige, spricht: „Siehe, ich habe vor dir eine Tür aufgetan und niemand kann sie zuschließen." Gottes Geist erhalte unseren Erdenherzen bei allem, was uns in diesem Leben widerfährt, diese Gewissheit: Uns steht die Tür zum Himmel offen.

Wir können das Gottesreich schon hier und schon jetzt erfahren. Mit dieser Gewissheit inspiriere der Geist Gottes unser Reden und Handeln, dass auch wir Lebenstüren und Herzenstüren öffnen für unsere Mitmenschen!

Die Himmelfahrt Christi entgrenzt die erfahrbare Gegenwart Gottes auf dieser Erde

Die Himmelfahrt Christi ist der Abschied von der „leiblichen" Gegenwart Gottes auf Erden. Am Himmelfahrtstag vor 2000 Jahren kam ans Ende, dass Gott ganz unmittelbar fühlbar und greifbar war unter uns Menschen in den engen Grenzen von Zeit und Raum.

Da hatte eine Gruppe von Männern und Frauen etwa drei Jahre lang ihr Leben an den Gottessohn Jesus Christus gebunden. In enger Lebensgemeinschaft mit ihm hatten sie Gott, den Ewigen, mitten in ihrem irdischen Alltagsleben direkt erfahren dürfen: Durch Jesus Christus lernten sie sich als die geliebten Kinder Gottes erkennen – mit all ihrem Versagen und in all ihrer Unvollkommenheit. Mit der Hilfe Jesu Christi lernten sie Gott zu lieben und zu ehren in der tätigen Liebe zu ihren Mitmenschen.

Dann schienen das Leiden und Sterben Jesu am Kreuz all ihre Gotteserfahrungen infrage zu stellen. Ostern aber lehrte sie neues Gottvertrauen. Der Gekreuzigte begegnete ihnen als der Lebendige. Gottes Gegenwart, Gottes Liebe und Gottes Macht waren durch das Leiden und Sterben des Gottessohnes nicht zu Hohn und Spott geworden.

Die Auferstehung des gekreuzigten Christus schenkte ihnen die Gewissheit: Die Liebe und die Macht Gottes ist allen menschlichen Gewalten und Todesmächten überlegen. Vierzig Tage hatten sie Zeit, den Kreuzestod Christi als Zeichen der Liebe Gottes verstehen zu lernen. Vierzig Tage hatten sie Zeit, durch Begegnungen mit dem Auferstandenen neue Kraft und neue Glaubensgewissheit zu gewinnen.

Und dann: Christi Himmelfahrt – der endgültige Abschied, die endgültige Trennung? Bedenken wir einmal die Worte, mit denen der Evangelist Lukas den Abschied Jesu von dieser Erde beschreibt: „Jesus aber sprach zu seinen Jüngern: Und siehe, ich will auf euch herabsenden, was mein Vater verheißen hat. Ihr aber sollt in der Stadt bleiben, bis ihr ausgerüstet werdet mit Kraft aus der Höhe. Er führte sie aber hinaus bis Betanien und hob die Hände auf und segnete sie. Und es geschah, als er sie segnete, schied er von ihnen und fuhr auf gen Himmel" (Lukas 24,49ff.).

Zwei Gedanken sind mir an dieser Himmelfahrtsgeschichte wichtig:
1. Die Himmelfahrtsgeschichte des Lukas ist eine Segensgeschichte.
2. Die Himmelfahrt Christi entgrenzt die erfahrbare Gegenwart Gottes.

Zum Ersten: Jesus verabschiedet sich von seinen Weggefährten als Segnender. Mit dem Segen, nicht nach dem Segen (!) über seine Weggefährten, die in ihrem irdischen Leben zurückbleiben, verlässt der Auferstandene die Menschenwelt. Der Segen des Auferstandenen aber verbindet den Himmel und die Erde. In seinem Segen berühren sich Himmel und Erde, Gottesreich und Menschenwelt. Im Segen des Auferstandenen werden irdische Menschenherzen untrennbar mit Himmelsschätzen verbunden.

Ein gesegneter Mensch weiß sich von Gott geliebt. Im Vertrauen auf diesen Segen weiß er sich von Gott begleitet, in guten und in bösen Tagen, in Glück und Unglück und auch im Leiden und Sterben. Die Himmelfahrt Christi ist eine Segensgeschichte, für die Jünger damals und auch für uns heute!

Zum Zweiten: Die Himmelfahrt Christi entgrenzt die erfahrbare Gegenwart Gottes. Mit der Himmelfahrt verschwindet der irdische Jesus aus der Menschenwelt, nicht aber Gottes lebendiges Wort, nicht seine wirksame Macht und nicht seine uns Menschen zugewandte Liebe.

„Gott ist gegenwärtig!" – das galt schon dem Volk Israel vor Jesu Geburt. Das gilt den Menschen aller Völker zu allen Zeiten seit Jesu Leben, Sterben und Auferstehen. Und es gilt auch für uns heute, für unsere Zeit und unseren Ort seit der Himmelfahrt des Auferstandenen.

Wohl ist es für uns nicht mehr der irdische Gottessohn, der uns mit seiner direkten Anwesenheit, in direkter Tischgemeinschaft, durch seine direkten Berührungen, Taten und Worte die Gottesnähe erfahren und schmecken lässt. Aber Gottes „Kraft aus der Höhe", der Heilige Geist, dessen Kommen wir mit dem Pfingstfest feiern, kann und will uns Gottesbegegnungen inmitten unserer Alltagswelt schenken. Diese Kraft Gottes will unsere Erdenherzen immer wieder neu mit Himmelsschätzen erfüllen.

In der Nachfolge Jesu Christi können wir Menschen so – miteinander und füreinander – Gottes Gegenwart in unserer Welt bezeugen und erfahrbar machen: Durch unsere Tischgemeinschaft, durch unsere Berührungen, unsere Taten und unsere Worte, durch unser Glauben, Hoffen und Lieben.

Der Abschied von dem irdischen Jesus hat das Evangelium über die Grenzen des Volkes Israel hinausgeführt. Die Himmelfahrt des Auferstandenen wurde „Grundstein" der weltweiten Kirche Jesu Christi.

Im Übrigen meine ich

Im Übrigen meine ich
dass Gott der Herr
uns immer wieder in die Nähe seines Himmels führt
sein Wort durch unseren Kopf gehen lässt
seinen Blick in unsere Herzen senkt

Er möge uns
sichtbar und unsichtbar zeigen
dass wir nicht verloren sind
auch wenn die Welt verloren ging
und dass er sich unser erbarmt
so wie wir uns erbarmen wollen

Die Hilflosen und Beladenen
die Obdach- und Besitzlosen
sollen unser besonderes Augenmerk haben

Die Kunst des Zusammenfühlens und
Zusammendenkens
möchten wir wieder lernen
mit ihm, dem Sohne und dem Heiligen Geiste

Lehre uns auf deine Weise
die Dinge zu Ende zu denken
sodass wir neu anfangen können
mit dir und allen Geschöpfen
die du gemacht
mit der Schlange und dem Pferd
den Menschen aller Arten und Abarten
den Weißen den Farbigen

allen die unter deinem Himmel
der heute in Leib und Seele bei uns ist
leben sterben und sich wieder sehen.

HANNS DIETER HÜSCH

Wann und wo?

Wann und wo – zwei wichtige und oft entscheidende Fragen. Die Zeit kennen und den Ort wissen, das ist für uns häufig unverzichtbar für das Planen und Gestalten unseres Lebens. Und es gilt sogar für unser Lieben, Glauben und Hoffen.

Wann und wo ist aber das Reich Gottes für uns Menschen sichtbar und erfahrbar? Das waren nicht nur in biblischen Zeiten für Juden- und Christenmenschen ganz wichtige und entscheidende Fragen, sie sind es auch heute noch für uns, für unseren Glauben, unser Leben und unser Sterben. Das „Reich Gottes" ist die lebbare und erlebbare Beziehung zwischen Gott und Menschen, die zugleich eine gerechte und vertrauensvolle Gemeinschaft zwischen uns Menschen stiftet. Im Reich Gottes regieren – endlich! – Frieden, Gerechtigkeit und Barmherzigkeit. Diese Reich-Gottes-Hoffnung gehört zu den tragenden und unverzichtbaren Vorstellungen des jüdischen und des christlichen Glaubens.

„Dein Reich komme, Herr", so hat Jesus uns zu beten gelehrt. Und er hat uns zugleich in vielen Bildworten und Gleichnissen verdeutlicht, dass das ewige Gottesreich alle unsere Zeit- und Raumvorstellungen entgrenzt und überschreitet. Jesus gibt uns keine berechenbare und datierbare Antwort auf die Frage nach dem Wann und nennt keinen geografischen Ort auf die Frage nach dem Wo. Menschliche Vergangenheit, Gegenwart und Zukunft verschmelzen gleichsam in dem Reich Gottes, das Jesus uns offenbart. Die Erinnerungen an die alten Verheißungen der Propheten und die Hoffnungen auf Gottes neuen Himmel und Gottes neue Erde werden von Jesus zusammengebunden in einem

heilsamen und heilbringenden Jetzt und Hier des Gottesreiches.

Ein biblischer Text verdeutlicht, wie dieses gleichzeitig
raum- und zeitübergreifende „Schon-Jetzt" und „Noch-
Nicht" des Gottesreiches zu verstehen ist:

„Als er aber von den Pharisäern gefragt wurde: Wann
kommt das Gottesreich?, antwortete er – Jesus – ihnen und
sprach: Das Reich Gottes kommt nicht so, dass man's be-
obachten kann; man wird auch nicht sagen: Siehe, hier ist
es! oder: Da ist es! Denn siehe, das Reich Gottes ist mitten
unter euch. Er sprach aber zu den Jüngern: Es wird die Zeit
kommen, in der ihr begehren werdet, zu sehen einen der
Tage des Menschensohnes, und ihr werdet ihn nicht sehen.
Und sie werden zu euch sagen: Siehe, da! oder: Siehe, hier!
Geht nicht hin und lauft ihnen nicht nach! Denn wie der
Blitz aufblitzt und leuchtet von einem Ende des Himmels
bis zum anderen, so wird der Menschensohn an seinem
Tage sein" (Lukas 17,20–24).

Das Gottesreich, das Jesus uns offenbart hat, ist aber nicht
zu verwechseln mit den Menschenträumen von einem
„Schlaraffenland" oder mit Paradiesvorstellungen, in denen Menschen sich sorglos und verantwortungsfrei den eigenen Vergnügungen hingeben können, in üppigen Ess-
und Trinkgelagen schwelgen und in denen wunderschöne
Jungfrauen in unbegrenzter Zahl zur Verfügung stehen.
Das Gottesreich wird von Jesus nicht an heiligen Stätten
verortet, nicht auf dem Berg Zion und nicht im Tempel,
aber auch nicht im Vatikan oder in Wittenberg. Man wird
nicht sagen können: „Siehe, hier ist es! Oder: Da ist es!
Denn siehe, das Reich Gottes ist mitten unter euch!" Das
Gottesreich finden wir also vielmehr in der mitmensch-
lichen Fürsorge und in tätiger Verantwortung füreinander.

„Reich Gottes" heißt, dass Gottes Menschenliebe und Gottes Menschennähe, Gottes Gerechtigkeit und Gottes Barmherzigkeit inmitten dieser Welt und inmitten unserer menschlichen Gemeinschaften sichtbar und erfahrbar werden.

Das bedeutet zum Beispiel, Versagen und Schuld einzugestehen und zu vergeben, Menschen und Natur nicht auszubeuten, gerechten Lohn zu zahlen, der ein Mindestmaß nicht unterschreiten darf, Ehrlichkeit und Verlässlichkeit auch im politischen und wirtschaftlichen Leben, das Eindämmen und Begrenzen jeder Form von Gier mit gesetzlichen Mitteln, Kranke, Behinderte und Fremde nicht gering zu schätzen, Ausgegrenzte wieder neu in unsere Gemeinschaften zu integrieren oder auch mit Gegnern und Andersdenkenden immer wieder Neuanfänge zu wagen und gemeinsam nach Wegen des Friedens und der Gerechtigkeit zu suchen.

Wenn wir erkennen, dass in diesem Reden und Handeln in der Nachfolge Jesu Gott selbst am Werk ist, dann hat das Reich Gottes mitten unter uns angefangen. In der Nachfolge Jesu Christi warten wir auf den Tag, an dem das Gottesreich für alle und überall sichtbar und erfahrbar sein wird. In Jesus Christus hat für uns Christenmenschen und für unsere Kirche das Gottesreich inmitten unserer Welt Wurzeln geschlagen – mehr nicht! Aber auch nicht weniger.

Jesus Christus hat zur großen Enttäuschung vieler seiner Zeitgenossen die Römer nicht entmachtet, die sein Volk Israel und viele andere Völker unterdrückten. Der Gottessohn, der den Menschen das Gottesreich nahe brachte, schaffte das Leiden und Kreuzeserfahrungen für Menschen nicht ab. Jesus nahm selbst Leiden und den Kreuzestod auf sich und machte uns dadurch ein für allemal klar: Gottes

Gegenwart und Menschennähe sind nicht zu verwechseln mit Leidfreiheit und äußerer Macht und Herrlichkeit. Gott ist uns nahe, auch und gerade inmitten unseres Leidens und in allen Todeserfahrungen.

Jesus wollte seine Jünger und Jüngerinnen ermutigen und bestärken, um des Reiches Gottes willen Leiden auf sich zu nehmen, Verachtung und Verfolgung geduldig zu ertragen. Er schenkte ihnen die Gewissheit: Solange diese Welt besteht, wird das Reich Gottes für gesegnete Augenblicke dort sichtbar und erfahrbar, wo Menschen in der Nachfolge Jesu handeln.

Am Ende unserer Weltzeit aber wird das Reich Gottes in voller Pracht erscheinen und für alle und überall offenbar sein. Dann wird der Menschensohn Jesus Christus wiederkommen in vollem Glanz – wie ein Blitz! Dann werden der neue Himmel und die neue Erde Gottes anbrechen, „wo Frieden und Gerechtigkeit sich küssen" (Psalm 85,11). Dann wird Gott selbst bei den Menschen wohnen. Dann werden alle unsere Tränen getrocknet sein und der Tod wird keine Macht mehr haben über unser Leben (vgl. Offenbarung 21,3f.). Doch bis zu diesem Tag prägt Jesus uns ein: Lasst euch nicht von billigen Heilsversprechungen und Katastrophenangst zu Weltuntergangspanik verführen! Fallt nicht auf die platten Parolen eines Populismus' herein, der die Augen vor der Komplexität unserer Weltprobleme einfach verschließt. Redet aber auch das zurzeit sich wieder ausbreitende Wüten eines brutalen Kapitalismus nicht schön und nehmt die damit verbundenen Ungerechtigkeiten und die Friedlosigkeit unserer Welt nicht einfach hin. Betet und tut das Gerechte und legt die Frage nach dem Wann und Wo in Gottes Hand. Jetzt ist das Reich

Gottes noch kein Zustand unserer Welt, aber es ereignet sich schon zu Zeiten und an Orten, die vom lebendigen Geist Jesu Christi beherrscht werden. In der Nachfolge Jesu Christi bestimmen der neue Himmel und die neue Erde Gottes schon jetzt unsere Herzen und unsere Gegenwart.

Die Verantwortung des Menschen vor Gott und für diese Erde endet nicht mit dem irdischen Leben

Wir fragen und suchen nach unserer Gerechtigkeit vor Gott, das heißt nach unserer Seligkeit. Sie umschließt irdisches Glück und ewiges Leben im Gottesreich.

Das Gleichnis vom Endgericht

Der Gedanke an eine positive oder negative göttliche Vergeltung für menschliches Verhalten, an göttlichen Lohn und göttliche Strafe ist schon im jüdischen Glauben verankert. Er ist ein wichtiges Element alttestamentlicher Bundestheologie: Der Bund mit Jahwe „lohnt" sich für Israel, seine Leugnung oder Missachtung „rächt" sich. Zunächst sind dabei göttlicher Lohn und göttliche Strafen noch ganz innerweltlich gedacht: sicherer Besitz des Landes, langes Leben, zahlreiche Nachkommenschaft usw. als Belohnungen und verlorene Kriege, Krankheiten und Schicksalsschläge, Unfruchtbarkeit usw. als Strafen. Im Lauf der Zeit zeigte allerdings die praktische Lebenserfahrung, dass die Gleichungen: „Lebensbindung an Gott = gutes irdisches Leben" und „Leugnung Gottes = schlechtes irdisches Leben" und „Befolgung der göttlichen Gebote = sichtbarer göttlicher Lohn" und „Missachtung der göttlichen Gebote = sichtbare göttliche Strafe" nicht so einfach aufgingen. Der Lohn-Strafe-Gedanke wurde entgrenzt, das heißt über die Grenzen des irdischen Lebens hinweg ausgeweitet. Theologischen Vorstellungen von einem göttlichen Gericht nach dem Ende unseres irdischen Lebens bzw. am Ende unserer irdischen Weltzeit gewannen an Bedeutung. Die erhoffte und geglaubte göttliche Belohnung oder Vergeltung wurde im jüdischen Glauben allerdings nicht völlig aus der jeweils gegenwärtigen Erfahrungswelt hinausverlagert. Neben Jenseitserwartungen hielten sich auch im Judentum zur Zeit Jesu Vorstellungen und Hoffnungen auf göttlichen Lohn bzw. göttliche Strafe im Diesseits.

Nach den Zeugnissen der Evangelien lehnte Jesus berechenbare und direkte irdische Kausalzusammenhänge von Tun und Ergehen ab, also etwa, dass ein Mensch blind ist, weil er oder seine Eltern gesündigt haben. Jesus machte mit vielen seiner Predigten und Gleichnisse deutlich: Es geht bei der Rede von Gottes Recht und Gerechtigkeit und bei allen theologischen Vorstellungen von Gottes Gericht nicht um einzelne Schicksalsschläge im irdischen Menschenleben. Es geht letztendlich weder um Kranksein noch um Gesundsein, weder um äußere Armut noch um äußeren Reichtum, weder um weltlichen Erfolg noch um Versagen. Es geht nicht um unsere Befindlichkeiten, unsere Fähigkeiten oder Unfähigkeiten. Es geht nicht um „etwas" oder einen Teil von uns, sondern es geht „ums Ganze", um unsere ganze Person mit Leib und Seele, mit Verstand und Gefühl, um das Gewinnen oder das Verlieren unseres ganzen, unsere Zeit und die Ewigkeit umfassenden Lebens.

Auf dem Spiel steht die Zugehörigkeit des Menschen zum ewigen Leben im Gottesreich – oder eben der Ausschluss vom Gottesreich. In dem Gleichnis vom Endgericht erzählt Jesus, wie er als Menschensohn und königlicher Richter die Menschen aller Völker in zwei Gruppen scheidet: Als „Schafe" zur Rechten die Menschen, die Hunger und Durst ihrer Mitmenschen gestillt haben, die Kranke und Gefangene besucht, Nackte bekleidet und Fremde beherbergt haben. Als „Böcke" zur Linken die Menschen, die sich ihre Mitmenschen und vor allem die Not ihrer Mitmenschen vom Leib gehalten haben.

Die „Böcke" zur Linken werden ins ewige Feuer geschickt, in „das ewige Feuer, das dem Teufel und seinen Engeln bereitet ist" (Matthäus 25,41). Hier begegnet uns die Vorstellung, dass mit der Vollendung des Gottesreiches Satan und seine Helfer entmachtet werden. Zur vollständigen Durchsetzung des Guten gehört die vollständige und ewige Verdammnis des Bösen.

Der Maßstab aber, mit dem Jesus Christus in diesem Gleichnis vom Endgericht urteilt und scheidet, ist – besonders auch für bibelkundige und kirchentreue Christenmenschen – erstaunlich und vielleicht sogar befremdlich: Bekennender Glaube an Gott oder Christus, Taufe, Kirchenmitgliedschaft, Gottesdienstbesuche, Eucharistie- und Abendmahlsverständnis, sexuelle Orientierung – alles das spielt offensichtlich überhaupt keine Rolle. Allein auf das uneigennützige und nicht auf göttliche Belohnung schielende Tun der Liebe und der Barmherzigkeit gegenüber unseren Mitmenschen kommt es an. Entscheidend ist, dass sich die Menschen Jesus Christus in Gestalt der Bedürftigen zugewandt oder von ihm abgewandt hatten, ohne dass sie ihn jenseits dieser Menschen erkennen konnten. In der Tradition seines jüdischen Glaubens hatte Jesus alle Weisungen und Gebote Gottes in dem Doppelgebot der Liebe zusammengefasst, also in dem Gebot zur Gottesliebe und zur Menschenliebe. Dieses Doppelgebot der Liebe findet in diesem Gleichnis vom Endgericht eine ganz besondere theologische Zuspitzung und Verdichtung: Der Gottessohn – nach unserem trinitarischen Glauben also Gott selbst – identifiziert sich mit den Geringsten unserer Schwestern und Brüder, mit den Hungernden und Dürstenden, mit den Fremden und Entblößten, mit den Kranken und den Gefangenen. Deshalb gilt: Wer sich den Menschen in Not entzieht, der entzieht sich Gott. Tätige Gottesliebe und tätige Menschenliebe fallen für den Gerichtsspruch Jesu hier ununterscheidbar zusammen. Nur wer in seinem irdischen Leben an seinen Not leidenden Schwestern und Brüdern Barmherzigkeit geübt und Liebe getan hat, nur der entgeht im Weltgericht dem Machtbereich des Todes, nur der wird nach dem Richterspruch Jesu nicht dem ewigen Feuer überantwortet.

Das ist eine verstörende und gleichzeitig eine ermutigende Botschaft: die radikale Verkürzung der Entscheidung über Heil und Unheil auf das barmherzige Verhalten gegenüber den Bedürftigen lässt Kirchenzugehörigkeit und kirchliche Dogmatik völlig in den Hintergrund treten. Gleichzeitig begründet der Richterspruch Christi eine praktische Gotteskindschaft, die die Grenzen der Kirchen, Konfessionen, ja sogar der Religionen überschreitet.

Es ist schwer, aber stellen wir die Exklusivitätsansprüche unserer theologischen Erkenntnisse und unserer Kirchen einmal zurück und lassen wir uns von diesem Gleichnis zu dem Entscheidenden rufen: zu Jesus Christus, der uns in der Gestalt der Bedürftigen begegnen will.

Die Frage nach irdischer und himmlischer Seligkeit

Die Frage nach der Seligkeit trieb im Mittelalter noch viele Menschen in unserem Land um, nicht nur Martin Luther, den Reformator der Kirche. Gott war eine machtvolle Realität für ihr Leben und für ihr Sterben. Für sie stand fest: Nach dem Tod kommt das Endgericht Gottes, verbunden mit Strafen, an deren Ende die ewige Verdammnis oder die ewige Seligkeit wartet. Deshalb fragten sie: Wie muss ich leben, um mich hier auf dieser Erde von Gott begleitet und gesegnet zu wissen? Was muss ich tun, um am Ende meines Lebens von Gott gerecht gesprochen zu werden? Was muss ich tun, um nach meinem Tod von Gott mit neuem Leben in seinem ewigen Reich belohnt zu werden?

An all das dachte Martin Luther, als er das griechische Wort *makarios* in der Bibel mit dem für uns heute etwas veraltet klingenden Begriff „selig" übersetzte. Auch heute noch spricht man daher von Jesu „Seligpreisungen", wie sie uns im Matthäusevangelium überliefert sind (Matthäus 5,2–10).

Neue Übersetzungen bevorzugen das Wort „glücklich" anstelle von „selig". Dem möchte ich mich aber nicht anschließen. Ich hänge an der Übersetzung des Reformators, denn der Begriff „selig" signalisiert uns auch heute eine Bedeutung, die unsere vorfindliche Menschenwelt überschreitet:

„Selig" sind wir, wenn uns die Gewissheit trägt, dass wir mit dem Willen Gottes in Übereinstimmung leben und unser irdisches Leben darin glücklich, gesegnet und sinnerfüllt ist.

„Selig" sind wir, wenn wir Gottes Gegenwart und Nähe auch in unseren Leid- und Todeserfahrungen spüren und wir deshalb selbst in Trauer und Traurigkeit getröstet leben können.

„Selig" sind wir, wenn wir der Verheißung Gottes trauen, dass er uns durch unseren Tod hindurch in ein neues Leben in seinem Reich tragen wird.

Das Wort *makarios* im griechischen Urtext des neuen Testaments zielt so zugleich auf irdisches Glück und auf himmlische Seligkeit.

In der Suche nach dieser Seligkeit fragten und fragen Menschen danach, wie das Gegenwärtige und das Zukünftige zusammenhängen. Sie verlangen danach, dass Zukünftiges schon jetzt in der Gegenwart ihres persönlichen Lebens erfahrbar wird. Und die Antwort Jesu auf dieses Suchen, Verlangen und Fragen?

„Und Jesus tat seinen Mund auf, lehrte sie und sprach:

Selig sind, die da geistlich arm sind; denn ihrer ist das Himmelreich.

Selig sind, die da Leid tragen; denn sie sollen getröstet werden.

Selig sind die Sanftmütigen; denn sie werden das Erdreich besitzen.

Selig sind, die da hungert und dürstet nach der Gerechtigkeit; denn sie sollen satt werden.

Selig sind die Barmherzigen; denn sie werden Barmherzigkeit erlangen.

Selig sind, die reinen Herzens sind; denn sie werden Gott schauen.

Selig sind die Friedfertigen; denn sie werden Gottes Kinder heißen.

Selig sind, die um der Gerechtigkeit willen verfolgt werden; denn ihrer ist das Himmelreich. "
(Matthäus 5,2–10)

In acht Seligpreisungen offenbarte Jesus seinen Jüngerinnen und Jüngern seine Vision vom Himmelreich, von dem Reich Gottes, das mit ihm schon hier und schon jetzt auf unserer Erde angebrochen und mitten in der vergänglichen Menschenwelt wirksam ist. Himmelreich und Erdreich, Gottesreich und Menschenwelt sind für Jesus keine beziehungslosen, parallelen Größen. In Jesu Reden und Handeln trifft und betrifft das Himmelreich unsere Menschenwelt. Das Himmelreich ist kein Luftgespinst und kein Fantasieprodukt, es ist mit Jesus Christus real angebrochen.

Sieht man sich diesen Text genauer an, so stellt man zunächst fest, dass zwei auf die Gegenwart bezogene Seligpreisungen sechs zukunftsorientierte Seligpreisungen einrahmen, die Verheißungen in sich tragen: Das Himmelreich gehört schon jetzt den geistlich Armen, den Menschen, die wissen, dass sie auf Gott und andere Menschen angewiesen sind; den Menschen, die sich ihre Demut erhalten und ihren besserwisserischen Hochmut überwinden; den Menschen, die bedürftig und offen bleiben für Gottes Geist und Gottes Gnade. Diesen Menschen ist schon in ihrem irdischen Leben das Himmelreich gegenwärtig zugesagt.

„Wir sind Bettler, das ist wahr", sagte Martin Luther, seinen nahen Tod nach einem tätigen und erfüllten Leben vor Augen. Er glaubte und bezeugte: Gott ist es, der unsere Bettlerhände füllt. Er schenkt uns Glauben und Vergebung. Gott macht immer wieder neu gerechte und gerechtigkeitsfähige Menschen aus uns. Das geschieht durch Jesus Christus. Wenn wir nach Christi Vorbild alles von Gott erwarten, dann erfahren wir das Himmelreich schon jetzt und hier auf Erden.

Das Himmelreich gehört schon jetzt den Menschen, die um der Gerechtigkeit willen verfolgt werden. „Gerecht" und „Gerechtigkeit" – das sind biblisch-theologische Schlüsselworte, die Martin Luther wieder neu für uns entdeckt hat. Er hatte verstanden, dass mit dem hebräischen Wort *sedaka* Gerechtigkeit nicht als eine formale Kategorie verstanden wird. Gerechtigkeit ist im Alten Testament ein Beziehungswort, sowohl für die Beziehung zwischen Gott und Mensch als auch für die Beziehung der Menschen untereinander. Martin Luthers befreiende reformatorische Entdeckung war, dass Gottes Gerechtigkeit nicht auf Strafe und Verdammnis zielt, sondern Ausdruck und Auslegung seiner Liebe zu uns Menschen ist. Liebend wird Gott uns gerecht und liebend will Gott uns gerecht machen. Er will uns zurechtbringen, damit wir in Liebe zu Gott und unseren Mitmenschen nach Wegen der Gerechtigkeit suchen.

Jesus ist diesen Weg gegangen. Er wurde dafür verfolgt, geschmäht und getötet. Auch seine Nachfolgerinnen und Nachfolger werden immer wieder Zeiten erleben, in denen sie um der Gerechtigkeit willen verfolgt werden. Aber gerade dann werden sie die Erfahrung machen: Wenn sie an der liebenden und gerecht machenden Beziehung zu Gott und zwischen den Menschen festhalten, wenn sie Gottes Gerechtigkeit und seine Weisungen über menschliche Tyrannei und Unrecht stellen, dann ist dadurch schon auf Erden das Himmelreich wirksam und erfahrbar.

Welch großartige Verheißungen bindet Jesus in den mittleren sechs Seligpreisungen an das zukünftige Gottesreich: Getröstet sollen die werden, die jetzt Leid tragen, die ihr

Leid nicht verdrängen und die vor dem Leiden der anderen die Augen nicht verschließen, die dem Leiden nicht ausweichen und die so in der Spur der Nachfolge Jesu bleiben.

Das Erdreich besitzen werden die, die jetzt mit sanftem Mut dem Teufelskreis der Gewalt begegnen. Kriegerischer Mut zerstört – zum Besitzen bleibt nichts mehr übrig; sanfter Mut baut auf und bewahrt die Erde.

Satt werden sollen die, die jetzt nach Gerechtigkeit hungern und sich mit dem Unrecht in unserer Welt nicht abfinden; denn Gerechtigkeit ist die Basis für jedes dauerhafte und nachhaltige Zusammenleben.

Barmherzigkeit von Gott erfahren werden die, die sich jetzt über schwache, suchende und irrende Mitmenschen erbarmen und Recht und Gerechtigkeit auf der Basis von Barmherzigkeit entwickeln.

Gottes Angesicht werden die schauen, deren Herz jetzt befreit ist von Gier, Habsucht und Größenwahn; ihre heitere Gelassenheit zum Leben im Vertrauen auf Gott ist ein Vorgeschmack auf das Erleben der unmittelbaren Gegenwart Gottes.

Gottes Kinder werden die heißen, die jetzt mit sanftem Mut und mit Geduld nach gerechtem Frieden suchen; andauernder Friede kennzeichnet das Reich Gottes, seine Repräsentanten in dieser Welt können deshalb nur Friedensarbeiterinnen und Friedensarbeiter sein.

Selig sind wir, wenn diese von Gott verheißene Zukunft sich in uns realisiert als Kraft zur Gestaltung unserer Gegenwart. Wir müssen dann in den schweren Zeiten unseres Lebens die Liebe Gottes zu uns nicht infrage stellen, sondern können auch in den dunklen Nächten unserer Gegenwart an Gott festhalten in der Gewissheit, dass die Todesmächte dieser Welt nicht das letzte Wort haben.

Gott lässt uns schon hier in unserer unheilen Gegenwart durch seine Verheißungen die Zukunft hören und schmecken, die er für uns bereithält. Gott macht uns selig, weil er den Weg zu uns Menschen suchte und immer wieder neu sucht. Das Himmelreich ist in unserer Gegenwart zugänglich. Gott macht uns selig, weil seine Macht größer ist als alle Todesmächte dieser Welt. Das Himmelreich ist die Verheißung unserer Zukunft. Binden wir doch unser Leben vertrauensvoll an diesen Gott, suchen wir nach Gott und seiner Gerechtigkeit und wir werden finden: unsere Seligkeit!

Was muss ich hier auf Erden tun, damit ich ewig lebe bei Gott?

„Was muss ich tun, damit ich das ewige Leben ererbe?", das fragte vor 2000 Jahren ein reicher und frommer Mann den armen Wanderprediger aus Nazaret. Offensichtlich weiß dieser Mann um die Vergänglichkeit des irdischen Lebens. Er möchte mehr haben als Reichtum und Glück in dieser Welt. Er möchte Teilhabe an Gottes Ewigkeit und schon jetzt etwas dafür tun. Wohl kennt er Gottes Gebote und Weisungen für ein gelingendes menschliches Leben auf dieser Erde. Er hat „von Jugend auf Gottes Gebote gelernt und gehalten". Und doch spürt er: Diese Frömmigkeit ist nicht genug. Irgendetwas fehlt. Deshalb wendet sich dieser Mensch jetzt an Jesus, den armen Wanderprediger. Vielleicht weil er gehört hat: Dieser Jesus von Nazaret lässt uns die Menschennähe Gottes fühlen und schmecken, seine Nähe verheißt körperliche und seelische Gesundheit. In Jesu Gegenwart tut sich der Himmel auf, Himmel und Erde, Zeitlichkeit und Ewigkeit begegnen sich in seinem Reden und Tun.

„Was muss ich tun, damit ich das ewige Leben ererbe?", das ist für den reichen und frommen Mann die entscheidende Frage seines Lebens. Für ihn gehört die Gewissheit seines zukünftigen Lebens im Reich Gottes offensichtlich untrennbar mit seiner Sehnsucht zusammen, auf dieser Erde gesegnet und glücklich zu leben. Materielle Reichtümer und gesellschaftliches Ansehen genügen ihm nicht. Auch seine tradierte Frömmigkeit stellt ihn nicht zufrieden. Er fragt und sucht nach mehr. Er macht sich auf, um Jesus zu begegnen.

Jesus sieht ihn an, gewinnt ihn lieb und erkennt, was ihm noch fehlt: „Verkaufe alles, was du hast. Gib es den Armen und folge mir nach!" Verkaufe alles, was du besitzt; gib den Verkaufserlös den Armen – das ist wahrlich eine erschreckende und schwer zu ertragende Forderung, damals wie heute. In der biblischen Geschichte erkennt der reiche Mann entsetzt, dass er zu dieser radikalen Jesusnachfolge nicht bereit ist, und geht traurig davon. „Denn er hatte viele Güter", schreibt der Evangelist Markus lakonisch.

„Wie schwer werden die Reichen in das Reich Gottes kommen", so der nüchterne und sachliche Kommentar Jesu zu dem traurigen Ende dieser Begegnung. Angesichts der unbestrittenen Frömmigkeit des reichen Mannes und der erschreckend radikalen Forderung Jesu bricht unter den Zuhörenden die Frage auf: „Wer kann dann selig werden?" Die Antwort Jesu: „Bei den Menschen ist es unmöglich, aber nicht bei Gott; denn alle Dinge sind möglich bei Gott." Das klingt ein bisschen nach billiger Vertröstung, nach „irgendwie wird es Gott schon richten …" Aber Jesus verheißt uns hier keine billige Gnade, kein: „Wir sind ja alle Sünder und Sünderinnen, die Reichen und die Armen – der gnädige Gott wird am Ende dann doch allen das Himmelreich schenken." Vielmehr gilt: Jesus verweist die Zuhörenden und uns auf zwei lebenswichtige, ja lebensentscheidende Einsichten: 1. Unser ewiges Leben erwächst aus unserer lebendigen Beziehung zu dem ewigen Gott. 2. Unser ewiges Leben beginnt mit unserer alltäglichen und alle Bereiche unseres Lebens umfassenden Nachfolge Jesu Christi.

Jesus sagt auch uns: Folgt mir nach! Lebt wie ich in einer lebendigen und vertrauensvollen Beziehung zu Gott. Wenn ihr in meiner Nachfolge lebt, dann gehört ihr schon hier und schon jetzt zum ewigen Leben, dann könnt ihr auch heute, 2000 Jahre nach meinem irdischen Leben, mitten in eurer so unvollkommenen Alltagswelt die Gegenwart Gottes erfahren und bezeugen. Das geht wirklich!

Leben in der Nachfolge Christi konkretisiert sich für uns Christenmenschen und für unsere christlichen Kirchen notwendig und „not-wendend" in der Option für Arme, Schwache und Benachteiligte. Diese Option als leitende Orientierung für unsere christliche Sozialethik bzw. Soziallehre begründet sich aus dem ganzen Zeugnis der Heiligen Schrift, aus beiden biblischen Testamenten.

„In der vorrangigen Option für die Armen als Leitmotiv gesellschaftlichen Handelns konkretisiert sich die Einheit von Gottes- und Nächstenliebe (...). Dabei zielt die biblische Option für die Armen darauf, Ausgrenzungen zu überwinden und alle am gesellschaftlichen Leben zu beteiligen (...). Sie lenkt den Blick auf die Empfindungen der Menschen, auf Kränkungen und Demütigungen von Benachteiligten, auf das Unzumutbare, das Menschenunwürdige, auf strukturelle Ungerechtigkeit. Sie verpflichtet die Wohlhabenden zum Teilen und zu wirkungsvollen Allianzen der Solidarität", so heißt es im gemeinsamen Wort der Evangelischen und der Katholischen Kirche zur wirtschaftlichen und soziale Lage in Deutschland von 1997 (Absatz 107). Im Blick auf die Heilige Schrift darf sich unser Eintreten für die Belange der Armen nicht in großzügiger Mildtätigkeit und Fürsorge erschöpfen. Vielmehr sind wir aufgerufen, durch gerechtes und faires Teilen für eine sozialstaatliche Systematik von Recht und Gerechtigkeit einzutreten und sozialen Spaltungen in unserer Gesellschaft entgegenzuwirken. Genau dazu muss der Reichtum der

Reichen auch dienen, nicht allein zu deren persönlicher Bedürfnisbefriedigung.

Reichtum wird in der Bibel immer dann scharf kritisiert und verurteilt, wenn er durch Ungerechtigkeit und Ausbeutung erworben wurde, wenn er sich mit Geiz und Gier paart, wenn er den Blick für die Lebenslagen der Mitmenschen verstellt, wenn er also unsere Lebensbindung an Gott und unser Handeln in der Nachfolge Christi verhindert. „Verkaufe alles, was du hast. Gib es den Armen und folge mir nach!", antwortet Jesus auf die Frage des reichen und frommen Menschen nach der Teilhabe am ewigen Gottesreich. Diese Radikalität lässt erschrecken – nicht nur die Jünger damals, auch uns heute, denn wer von uns ist frei von materiellen Bindungen? Dieses Erschrecken löst Jesus nicht auf. Es bleibt bestehen, auch für uns.

Aber wie für die Jünger und Jüngerinnen damals bleibt auch für uns heute das Entscheidende: Bindet euer Leben an Gottes Gebote und Weisungen und lebt in der Nachfolge Jesu Christi! Macht euch frei davon, euer Leben mit dem Betrachten, Pflegen und Vermehren eures Reichtums zuzubringen. Teilt, was ihr an Gaben und Begabungen von Gott bekommen habt, mit den Armen. Und tut das nachhaltig, etwa durch sozialstaatliche Instrumente. Wandelt euren irdischen Besitz durch gerechtes und faires Teilen zu einem Schatz im Himmel. Dann gehört ihr schon jetzt zum ewigen Leben!

Erinnern für die Zukunft

Erinnern für die Zukunft – unser Erinnern und unser Hoffen zusammenbinden, das schenkt uns einen Vorgeschmack der Ewigkeit! Um heute und hier von Gott gesegnet und begleitet zu leben, vergegenwärtigen wir Erinnerungen und antizipieren wir Hoffnungen.

Erinnern ist eine der unverzichtbaren Eigentümlichkeiten des jüdischen und christlichen Glaubens. „Gedenke!", „Vergiss nicht!", „Tut dies zu meinem Gedächtnis!" – die Geschichten des Gottesvolkes Israel und die Geschichte des Gottessohnes Jesus Christus sind Himmelsschätze für unsere Erdenherzen. In ihnen kommen wir den Offenbarungen Gottes für uns und unser Leben auf die Spur. In den alten Glaubensgeschichten und Verheißungen der Bibel finden wir Kraft für unsere oft so leidvolle Gegenwart und Wegweisung für die uns verheißene Zukunft im Gottesreich.

Erinnern und vergegenwärtigen wir uns unter dieser Perspektive die Geschichte von der Heilung eines Taubstummen, wie sie uns der Evangelist Markus berichtet: „Und als Jesus wieder fortging aus dem Gebiet von Tyrus, kam er durch Sidon an das Galiläische Meer, mitten in das Gebiet der Zehn Städte. Und sie brachten zu ihm einen, der taub und stumm war, und baten ihn, dass er die Hand auf ihn lege. Und er nahm ihn aus der Menge beiseite und legte ihm die Finger in die Ohren und berührte seine Zunge mit Speichel und sah auf zum Himmel und seufzte und sprach zu ihm: Hefata!, das heißt: Tu dich auf! Und sogleich taten sich seine Ohren auf und die Fessel seiner Zunge löste sich, und er redete richtig" (Markus 7,31–36).

Stummheit und Taubheit zwingen Menschen in eine Isolation, die ihre Lebensmöglichkeiten und ihr Lebensglück beschädigt. Sie leben taub und stumm in einer eigenen Welt, jeder und jede für sich. Gemeinschaft – die Voraussetzung für ein gelingendes Leben – ist ihnen nur eingeschränkt möglich. Alle Kontakte zu anderen Menschen stehen unter dem Vorbehalt einer tiefen Unsicherheit darüber, ob sie richtig verstehen und ob sie richtig verstanden werden. Verunsicherung ist das Grundgefühl ihres Lebens, und häufig führen solche Verunsicherungen zu Frustrationen und zu Aggressionen.

Das gilt nicht nur für das Leben einzelner Menschen. Es gibt auch so etwas wie eine Taubheit und Stummheit ganzer Völker und Glaubensgemeinschaften. Sie besteht in der Unfähigkeit, auf nicht in das ideologische oder religiöse Konzept passende Stimmen hören zu können. Deshalb brauchen diese Gruppen eine ausgrenzende und gewaltverherrlichende Propaganda, die andere Stimmen übertönt und deren Gebrüll oder feingesponnenen Lügen eine andere Art von Stummheit sind.

Jesus – das erzählen uns die biblischen Geschichten – hat taube und stumme Menschen geheilt, ihnen neues Hören und neues Reden geschenkt und ermöglicht und so Kontaktunfähigkeit und soziale Ausgrenzung überwunden. Durch Jesus wurden Menschen wieder gemeinschaftsfähig, sie kamen wieder mit Gott und miteinander ins Gespräch. Wie Jesus das möglich war, dazu gibt das Verhalten Jesu in der Markusgeschichte einen entscheidenden Hinweis: „Er – Jesus – sah zum Himmel und seufzte." Der Himmel, das Reich Gottes, ist die Quelle, aus der Jesus Kraft und Vollmacht für sein Reden, Handeln und Heilen gewinnt. Dabei geht es nicht um Magie oder Esoterik, sondern darin spiegelt sich die vertrauensvolle Lebensbindung von Jesus an Gott und an das Gottesreich mitten in der leidvollen Alltagswelt. Die Bindung des Gottes- und Menschensohnes Jesus Christus an den Himmel war so stark und so fest, dass Christenmenschen noch heute glauben und bekennen: In und mit diesem Jesus von Nazaret ist das Gottesreich hier auf unserer Erde angebrochen, hat der Himmel auf unserer Erde Wurzeln geschlagen.

Im Handeln Jesu wird Gottes Handeln an den Menschen und für die Menschen fühlbar und greifbar. Gott öffnet uns die Ohren, damit wir sein Wort und einander verstehen. Gott öffnet uns den Mund, damit wir zu ihm reden, damit wir von ihm und verstehend und verständnisvoll miteinander reden.

Die Geschichte von der Heilung eines Taubstummen aus dem Markusevangelium will und soll nicht von einem einmaligen Ereignis erzählen, das damals vor 2000 Jahren in Israel stattfand. Wir erinnern diese Geschichte als Kraftquelle für unsere Gegenwart und als Wegweisung für unsere Zukunft. Menschen, die zu dem Gottessohn Jesus Christus gehören und in seiner Nachfolge leben, können darauf vertrauen, dass Gott auch an ihnen und durch sie Taubheit und Stummheit heilen will.

Jesus heilte schnell. Er sprach „Hefata – öffne dich!", und sogleich geschah die Heilung. In den biblischen Jesusgeschichten verdichtet sich die Zeit, begegnen sich Himmel und Erde unmittelbar, findet Heilung unmittelbar statt. In unserem Alltag und bei unserem Handeln ist das häufig anders. Es kann oft lange dauern, ehe Heilung geschieht, ehe neues Verstehen und Verstandenwerden wächst. Wir brauchen manchmal einen langen Atem, ehe sich uns der Himmel öffnet und ehe der Himmel uns und durch uns

Ohren, Mund und Herzen für die Himmelsschätze öffnet. Daher brauchen wir das Erinnern an Gottes Handeln in den alten Geschichten der Bibel, weil es unsere Hoffnung stärkt, Gottes Handeln in unserer Geschichte zu erfahren.

Der Kelch des Leidens geht nicht an uns vorüber

Wir leben in einer unheilen Welt. Wir sehen und wir erleiden die Mächte des Todes. Wir brauchen die Himmelsschätze, damit unsere Erdenherzen nicht zerbrechen!

Hiobsbotschaft

Hiobsbotschaft
Ein einziger Satz
und meine Welt zerbricht

Mit diesen Worten beschreibt Margarete Clasen in ihrem Gedichtband „Trauersplitter" ihr Fühlen und Denken nach dem Unfalltod ihres Sohnes. Ein einziger Satz, und unsere Welt zerbricht. Wir haben einen Menschen verloren, den wir lieb hatten, mit dem zusammen wir das Leben lieb hatten. Wir haben einen Menschen verloren, mit dem wir unser Leben teilten, mit dem wir zusammen gearbeitet, Gegenwart gestaltet und Zukunft geplant haben. Wir haben Vertrauen verloren – Vertrauen in angeblich „sichere" Technik und Vertrauen in Menschen, die diese Technik angeblich „sicher" beherrschen. Und auch unser Vertrauen zu Gott, dem Schöpfer und Erhalter des Lebens, hat Risse bekommen. Es ist nicht mehr selbstverständlich, dass das Leben in sicheren Bahnen verläuft. Die Fragen nach der Sinnhaftigkeit des Lebens sind nun schwerer zu beantworten, denn wir wollen und können keinen Sinn darin entdecken, dass dieses Unglück geschehen ist, dass ein Mensch sein Leben verloren hat, dass wir jetzt mit diesem Verlust und diesem Schmerz weiterleben müssen. Wie können wir weiter an Gott glauben, auf Gott hoffen und Gott und Menschen lieben, wenn wir gleichzeitig diese Macht des Todes ertragen und akzeptieren müssen? Wir zweifeln an Gottes uns zugewandter Menschenliebe. Aber bei allen unseren Zweifeln und Fragen, inmitten unserer Verzweiflung und Traurigkeit wollen und können wir nicht von Gott lassen.

Uns ist eine Welt zerbrochen. Aber wir hoffen und beten um Heil und Heilung aus Gottes Welt. Deshalb wenden wir uns wie der Psalmbeter vor 3000 Jahren mit unseren Zweifeln und unserer Verzweiflung an Gott und klagen vor ihm:

„Mein Gott, mein Gott,
warum hast du mich verlassen?
Ich schreie,
aber meine Hilfe ist ferne.

Mein Gott,
des Tages rufe ich,
doch antwortest du nicht,
und des Nachts,
doch finde ich keine Ruhe.
Unsere Väter hofften auf dich;
und da sie hofften,
halfst du ihnen heraus.
Zu dir schrien sie
und wurden errettet,
sie hofften auf dich
und wurden nicht zuschanden."
(Psalm 22,2–3.5–6)

Gott begegnet uns in unserer Welt und in unserem Alltag nicht allein als der „liebe Gott". Seine Wege mit der Welt und mit den Menschen bleiben uns oft rätselhaft und erschreckend befremdlich. Gerade wenn wir Gott als den Allmächtigen und zugleich als die Liebe bekennen und glauben, beschweren uns diese Fragen und Zweifel. So viele Lebenswege, so viele Hoffnungen, Wünsche und Möglichkeiten werden durch den Tod geliebter Menschen zerstört.

Uns ist eine Welt zerbrochen. Aber auch wenn sich unser Fühlen und Denken noch quälen, auch wenn unser Glauben, Hoffen und Lieben Risse davongetragen haben: Wir haben in Gott eine Adresse für unsere Zweifel, Fragen und Klagen. Und wir haben in Gott wie unsere Väter und Mütter im Glauben eine begründete Hoffnung auf Heil und Heilung über unsere Welt, über unser Leben und über den Tod hinaus.

Todeserfahrungen und Unglücke, die eine Welt zerbrechen lassen, gehören zum irdischen Leben und zu unserer irdischen Welt. Sie sind leidvoller Ausdruck der Zerbrechlichkeit, Gefährdung und Begrenztheit dieser Schöpfung. Die Bibel bezeugt und verheißt uns eine Hoffnung, die an diesen realen Leid- und Todeserfahrungen nicht zerbricht und die uns in unserer Trauer und Traurigkeit nicht in Verzweiflung versinken lässt.

An Jesus selbst hat Gott es uns offenbar gemacht, dass das Triumphieren des Todes und die Vernichtung des irdischen Lebens nicht das letzte Wort haben. Nicht Kreuz und Tod, nicht die Karfreitage sind die letzten und entscheidenden Gottesworte für diese Welt – auch nicht für uns und unsere Verstorbenen. Gott hat Jesus Christus auferweckt von den Toten und er wird auch uns und unsere geliebten Toten auferwecken zu neuem, unvergänglichem Leben in seinem ewigen Gottesreich. Aber dieser österliche Glaube, diese Hoffnung, die uns nicht der völligen Verzweiflung anheim gibt, wischen unser Leid, unsere Wut, unsere Fragen und Zweifel nicht einfach weg.

Österlicher Glaube und die daraus erwachsende Hoffnung sollen und wollen nicht einen Mantel des Schweigens, Vergessens und Verdrängens über unsere Schmerzen und Verwundungen legen. Sie können uns aber helfen, unsere schwere und leidvolle Gegenwart anzunehmen und unseren Alltag – wenn auch noch unter Tränen – lebensorientiert und lebensbejahend neu zu gestalten. Glaube und Hoffnung öffnen unsere in Trauer erstarrten Herzen für neue Formen unserer Liebe zu den Verstorbenen. Sie zeigen uns Wege der Liebe zu den Menschen, die mit uns zurückgeblieben sind: Unsere Erinnerungen können wir pflegen; nach den – auch unausgesprochenen – Vermächtnissen der Toten können wir fragen und sie in unser Leben aufnehmen; in gemeinsamer Trauer können wir fester mit all denen zusammenwachsen, die mit uns einen Menschen verloren haben.

Todesbotschaft, Hiobsbotschaft: Ein einziger Satz – und die Welt für so viele Menschen zerbricht.

Lebensbotschaft, Osterbotschaft: Ein einziger Satz – und die Welt schöpft Hoffnung über den Tod hinaus.

Der Gekreuzigte ist auferstanden! Ein einziger Satz – und inmitten unserer Trauer singt uns der Tod ein Hoffnungslied von neuem, unzerstörbarem Leben.

Also doch: Hoffnung!

also doch
also doch –
doch nicht mehr hoffen
doch nur ein abschied
nur erinnerung

aber erinnerung:
da war doch EINER
mit dem sie gehofft hatten
auf den sie gehofft hatten
aber vergeblich
der kam wieder
der kommt wieder

etwa nur er?
also doch:
HOFFNUNG

KLAUS HAACKER, für Meike Schneider und uns alle

Im Fallen gehalten

Zwei Worte des Apostels Paulus haben mich immer wieder bewegt und beschäftigt, weil in ihnen das Phänomen des eigenen wie des universellen Lebens und Sterbens reflektiert wird. Für Paulus, der von immer wieder aufflammender Verfolgung bedroht war, verdichten sich seine Erfahrungen in einem Satz aus dem zweiten Korintherbrief (4,11): „Denn mitten im Leben werden wir immerdar in den Tod gegeben um Jesu willen ..." Zudem sah er das baldige Ende der Zeiten heraufkommen und erwartete die Wiederkunft Christi. Daher galt ihm zugleich die Einsicht: „Denn keiner lebt sich selbst und keiner stirbt sich selbst. Leben wir, so leben wir dem Herrn; sterben wir, so sterben wir dem Herrn. Darum: Ob wir leben oder sterben, wir gehören dem Herrn" (Römer 14,7).

Der Zusammenklang dieser beiden Aussagen ist für mich von tragender Bedeutung, auch wenn wir heute in unserem Land weder mit einer akuten Verfolgung als Christinnen und Christen rechnen müssen noch ernsthaft überlegen, ob die Wiederkunft Christi uns in naher Zukunft bevorsteht.

Für mich verdichten diese beiden Paulus-Worte zeitlose Erfahrungen, die Menschen machen müssen: Dass wir „mitten im Leben" plötzlich herausgerissen werden aus unseren Familien, unserem Beruf, dem Freundeskreis – durch Krankheit, Unfall, einen Anschlag, eine Naturkatastrophe. Und dass in einer solchen Situation plötzlich alles Vertraute und Liebgewordene abbricht und wir geführt werden, wohin wir eigentlich nicht wollen. Dass Menschen auf härteste Bewährungsprobe gestellt werden, wenn ihnen nach menschlichem Ermessen medizinisch nicht mehr zu helfen ist, wenn sie sich auf das Sterben und auf den Tod vorbereiten müssen, wenn Hoffnungslosigkeit und Depression dann ihre angstvollen Erdenherzen besetzen.

„Im Fallen gehalten" – diese Gewissheit ist in dem Zusammenklang der beiden Paulusworte verdichtet. „Im Fallen gehalten" – das drückt auch für uns heute die Hoffnung aus, die wirklich trägt.

Paulus erinnert und beruft sich auf den einen, der sich an die Menschen gebunden hat, der sie von Anfang an gewollt und geliebt hat, der in Treue zu ihnen gestanden hat, der Menschen den Weg aus der Sklaverei geführt hat und seinen Sohn Jesus Christus den Weg aus dem Tod ins ewige Leben. Paulus bezeugt uns mit seiner Gewissheit den lebendigen Gott.

„Im Fallen gehalten" – darin schwingen Zuversicht und die Zusage mit, dass Gott uns in der schwersten Stunde unseres Lebens nicht verlässt, sondern uns in unserem Fallen hält und herüberrettet ins neue Leben. In neues Leben im ewigen Gottesreich, in dem unsere Vergangenheit, Gegenwart und Zukunft zusammenfallen und in dem Gott alles in allem war und ist und sein wird.

Ängste und Zweifel gehören zu einem lebendigen Glauben

Höhen und Tiefen gehören zu unseren lebendigen Beziehungen, zu unseren Menschenbeziehungen und auch zu unserer Gottesbeziehung. Da haben wir vielleicht gestern noch mit dem Psalmisten gejubelt: „Mit meinem Gott kann ich über Mauern springen!" (Psalm 18,30). Und heute klagen wir in tief empfundener Not: „Mein Gott, mein Gott, warum hast du mich verlassen?" (Psalm 22,2a). Da wagt es einer, im Vertrauen auf Jesus über tosendes Wasser zu gehen und im nächsten Augenblick versinkt er in einem Meer von Angst und Zweifeln.

Wenn wir unseren Glauben als eine lebendige Beziehung zu dem lebendigen Herrn leben, dann ist er zu keiner Zeit wie eine starre und unangreifbare Festung. Wenn unser Glaube eine lebendige Beziehung ist, dann ist er wie ein Weg, der über Höhen und durch Tiefen führt. Dann lässt der Glaube unsere Erdenherzen wohl manchmal himmelhoch jauchzen, aber er schottet sie auch nicht ab vor Angst und Zweifel und vor den leidvollen Erfahrungen des Todes.

Im vertrauensvollen Glauben an Gottes Gegenwart und Zuwendung können wir Berge versetzen und über das Wasser gehen – manchmal. Aber manchmal – einige Erfahrungen und Enttäuschungen später – steht uns das Wasser dann bis zum Hals. Und statt himmelhoch über unseren Gott zu jauchzen, möchten wir uns dann verzweifelt in ein Schneckenhaus verkriechen und unsere Gottverlassenheit beklagen.

Der Evangelist Matthäus erzählt uns eine Geschichte über diesen unauflöslichen Zusammenhang von Glaubensgewissheit und Glaubenszweifeln, wie er sich in dem Aufschrei verdichtet: „Ich glaube, Herr, hilf meinem Unglauben!" Sie trägt die Überschrift „Jesus und der sinkende Petrus auf dem See".

„Und alsbald trieb Jesus seine Jünger, in das Boot zu steigen und vor ihm hinüberzufahren, bis er das Volk gehen ließe. Und als er das Volk hatte gehen lassen, stieg er allein auf einen Berg, um zu beten. Und am Abend war er dort allein. Und das Boot war schon weit vom Land entfernt und kam in Not durch Wellen; denn der Wind stand ihm entgegen. Aber in der vierten Nachtwache kam Jesus zu ihnen und ging auf dem See. Und als ihn die Jünger sahen auf dem See gehen, erschraken sie und riefen: Es ist ein Gespenst!, und schrien vor Furcht. Aber sogleich redete Jesus mit ihnen und sprach: Seid getrost, ich bin's; fürchtet euch nicht! Petrus aber antwortete und sprach: Herr, bist du es, so befiel mir, zu dir zu kommen auf dem Wasser. Und Jesus sprach: Komm her! Und Petrus stieg aus dem Boot und ging auf dem Wasser und kam auf Jesus zu. Als er aber den starken Wind sah, erschrak er und begann zu sinken und schrie: Herr, hilf mir! Jesus aber streckte sogleich die Hand aus und ergriff ihn und sprach zu ihm: Du Kleingläubiger, warum hast du gezweifelt? Und sie traten in das Boot und der Wind legte sich. Die aber im Boot waren, fielen vor ihm nieder und sprachen: Du bist wahrhaftig Gottes Sohn!" (Matthäus 14,22–33)

Zum Ersten: Auch ganz intensive und „leibhaftige" Erfahrungen von Gottes Lebensmacht und Menschenliebe können Glaubende nicht vor Zweifeln und Ängsten bewahren. Da hatten die Jünger es doch kürzlich erlebt, dass ihnen in ihrer Verbundenheit mit Jesus Sturm und Wellen nichts anhaben können, dass dem Gottessohn „Wind und Meer gehorsam sind". (Matthäus 8,27b) Und jetzt, wo sie im Auftrag Jesu und zugleich in eigener Verantwortung ihr Boot durch stürmische See steuern sollen, haben sie Angst: Angst vor dem Sturm, Angst vor den Wellen, Angst vor dem Gegenwind. Außerdem haben sie Zweifel, ob Jesus sie nicht vielleicht aus den Augen verloren hat, jetzt, wo er nicht leiblich bei ihnen ist, sondern ihnen „nur" im Gebet verbunden ist.

Für die Jünger damals war es und für uns heute ist es oft so schwer zu verstehen, dass schwere und stürmische Zeiten, dass unruhige See und bedrohlicher Gegenwind die Gegenwart und die Macht Gottes nicht infrage stellen. Und auch wenn Spuren von Gottes Liebe und Zuwendung unser Leben durchziehen und prägen, es bleibt die immer wieder schmerzliche Erfahrung: Auch als Nachfolger und Nachfolgerinnen Jesu leiden unsere Erdenherzen an Zweifeln, an Ängsten und dem Gefühl vermeintlicher Gottverlassenheit.

Zum Zweiten: „Seid getrost, ich bin's. Fürchtet euch nicht!" – dieser Satz ist gleichsam die „biblische Erkennungsmelodie" für Gottes Eingreifen in die Menschheitsgeschichte. „Fürchte dich nicht, Abram, ich bin dein Schild!" (Genesis 15,1), so beginnt die Beziehung Gottes mit seinem Volk Israel. „Fürchtet euch nicht, siehe, ich verkündige euch eine große Freude!" (Lukas 2,10), so beginnt die Geschichte Gottes mit allem Volk. „Fürchtet euch nicht! Der Gekreuzigte ist auferstanden!" (Matthäus 28,5), so endet die absolute Macht des Todes über unsere Erdenherzen und über unsere ganze Welt.

„Seid getrost, ich bin's. Fürchtet euch nicht!", mit diesen Worten wendet Jesus sich jetzt seinen furchtsamen Jüngern zu. Er geht auf dem Wasser, als sei er Gott: „Gott allein breitet den Himmel aus und geht auf den Wogen des Meeres.", so heißt es im Buch Hiob (Hiob 9,8). „Gott, der

Herr, macht im Meer einen Weg und in starken Wassern eine Bahn", so besingen Psalmen und Propheten Gottes Macht über die Naturgewalten (Psalm 77,20 und Jesaja 43,16).

Für den Evangelisten verkörpert der Gottessohn Jesus Christus die Kraft und die Vollmacht des ewigen Gottes. Im Vertrauen auf ihn, seinen allmächtigen Vater, vermag deshalb auch der Gottessohn über Wind und Wellen zu gebieten. Im Vertrauen auf die Macht Gottes fürchtet Jesus weder die Macht der tobenden See noch die Macht des Todes. Er ist sich gewiss: Die Macht Gottes, die in ihm wirkt, ist stärker als alle Mächte dieser Welt. Sie wird ihn vor dem Versinken bewahren und ihn auch dem Tod entreißen.

„Seid getrost, ich bin's. Fürchtet euch nicht!" – dieser Satz war für die angsterfüllten Jünger damals die „Erkennungsmelodie" für das machtvolle Eingreifen Gottes in ihre Geschichte. Mit diesem Satz erwuchsen ihnen inmitten ihrer Todesängste neue Hoffnung, neues Vertrauen und neue Glaubensgewissheit. „Seid getrost. Fürchtet euch nicht!" – dieser Satz ist und bleibt auch für uns heute die „Erkennungsmelodie" für das Eingreifen Gottes in die Geschichte unseres Lebens. In allen Anfechtungen und Zweifeln, bei allen inneren und äußeren Widerständen und Auseinandersetzungen gilt für uns: Im Vertrauen auf den, der durch die Zeiten hindurch diesen Satz zu uns spricht, gewinnen wir immer wieder neue Hoffnung, neues Vertrauen und neue Glaubensgewissheit.

Zum Dritten: Auf das Wort unseres Herrn Jesus Christus hin können auch wir unsere Füße auf stürmische See setzen. Die Hand des Auferstandenen wird uns vor dem Versinken bewahren. Im Vertrauen auf das Wort des Herrn wagt Petrus den Schritt auf die stürmische See. Bedroht von Wind und Wellen setzt er seinen Fuß auf das tosende Wasser – und das Wasser trägt ihn. Es trägt ihn solange, wie er nur auf Jesus sieht und ihm entgegengeht.

„Als er aber den starken Wind sah, erschrak er und begann zu sinken." Das Gottvertrauen, das Petrus gerade noch getragen hat, verlässt ihn angesichts der übermächtig erscheinenden Bedrohungen durch die äußeren Mächte und Gewalten. Da hat er es gewagt, im Vertrauen auf Jesus über das Wasser zu gehen, und jetzt droht er in einem Meer aus Angst und Zweifel zu versinken. Gott sei Dank, dass Petrus weiß, an wen er sich in seiner Angst wenden kann, dass er glaubend zittern und zweifeln und schreien kann. In seiner Todesangst sieht Petrus wieder auf Jesus, hofft wieder auf Jesus: „Herr, hilf mir!"

„Jesus aber streckte sogleich die Hand aus und ergriff ihn ..." Gott sei Dank, dass Gott auch uns in Jesus Christus entgegenkommt, wenn wir uns ausgeliefert, machtlos und mutlos fühlen, wenn wir in Arbeit oder Sorgen oder Verzweiflung zu versinken drohen.

Gott sei Dank, dass uns im Leben und Sterben und Auferstehen Jesu Christi offenbar wurde: Wir können nicht tiefer sinken und nicht tiefer fallen als nur in Gottes Hand. Gottes Hand wird uns bergen, wenn uns das Wasser bis zum Hals steht und wenn der Tod nach uns greift. In dieser Gewissheit haben Christenmenschen es durch die Jahrhunderte immer wieder neu gewagt, auf das Wort ihres Herrn hin dem tosenden Wasser zu trotzen. Und in dieser Gewissheit können auch wir auf das Wort unseres Herrn hin unsere Füße auf stürmische See setzen. Die Hand des Auferstandenen wird uns vor dem Versinken bewahren.

„Gott, schaffe mir Recht und führe meine Sache!"

„Gott, schaffe mir Recht und führe meine Sache wider das unheilige Volk und errette mich von den falschen und bösen Leuten. Gott, sende dein Licht und deine Wahrheit, dass sie mich leiten. Harre auf Gott, meine Seele, denn ich werde ihm noch danken, dass er meines Angesichts Hilfe und mein Gott ist" (Psalm 43, 1.3a.5b).

Ein fordernder Schrei nach Gottes Macht und Parteilichkeit ist der Beginn dieses Psalmgebets. Die Erfahrungen von Unrecht, Ignoranz und Unverständnis, das Erleben und Durchleiden von Bosheit und Feindseligkeit bedrückten und bedrängten unseren Psalmbeter im fernen Israel vor mehr als 2000 Jahren. Deshalb ruft er nach Gottes Eingreifen und seiner Parteinahme für ihn ganz persönlich, für ihn allein: „Gott, steh an meiner Seite und nirgendwo sonst!"

Auch wir Menschen heute kennen das Gefühl, von Gott und der Welt unverstanden, verraten und verlassen zu sein. Wir kennen diese Wut im Bauch, die Angst und das Verletztsein, das Misstrauen, die Feindseligkeit. Und wie der Psalmist möchten wir dann, dass Gott sich als „mein Gott" erweist. Wir wollen eine Parteinahme Gottes für uns ganz persönlich, für unsere Not und für unser Anliegen, nicht Verstehen und Verständnis für alle, keine Ausgewogenheit und unbefriedigenden Kompromisse.

Dieser Psalm und viele andere Psalmen der Bibel machen uns gewiss: Wer Angst hat, der hat auch das Recht zu schreien. Wer Sorgen hat, der darf und soll sie vor Gott und den Menschen zum Ausdruck bringen. Wer sich ausgeliefert und bedroht fühlt von Menschen oder politischen

Entscheidungen, der darf – auch vor Gott – nach Parteilichkeit verlangen. In unserem Aufschrei vertrauen wir uns
Gott an, der uns auch mit unseren ganz persönlichen Sorgen und Nöten nicht allein lässt.

„Gott, schaffe mir Recht und führe meine Sache! Meine
Würde als Mensch ist bedroht: Verteidige sie!" Dieser
Schrei nach Gottes uneingeschränkter Solidarität für mich
und meine Anliegen befreit und entlastet mein gequältes
Erdenherz. Das ist kein Selbstbetrug, keine psychologische
Manipulation, keine Therapie nach dem Motto: Dampf
ablassen und dann fühle ich mich besser – obwohl nichts
besser ist. Denn Gott hört wirklich. Darauf hat sich der
Psalmist verlassen, darauf kann ich mich verlassen.

Aber der Psalmist verlangt nach mehr als nur nach dem
offenen Ohr Gottes: „Gott, sende dein Licht und deine
Wahrheit, dass sie mich leiten!" Wenn Gottes Geist unserem Menschengeist Licht und Wahrheit schenkt, dann erfahren wir Befreiung und Erlösung: Das Gefängnis unserer
Sorgen, unserer Ängste, unserer Wut wird geöffnet. Wir
sind nicht länger die Knechte unserer Gefühle. Wir sind
nicht mehr so vollständig besetzt und verschlungen von
unserer Wut, Angst und Feindseligkeit, sondern gewinnen
eine neue Perspektive und darin neue Freiheit.

Allerdings: Diese neue Perspektive durch das Wort Gottes
ändert nicht einfach die äußeren Umstände unseres Lebens.
Aber indem sie uns verändert, können wir beginnen, auch
die äußeren Umstände unseres Lebens zu verändern. Gottes Licht und Wahrheit schenken uns Mut – sanften Mut.
Sie helfen uns, wenigstens für eine begrenzte Zeit auch un-
geklärte Situationen auszuhalten. Sie geben uns die Geduld,
nicht unbedacht oder gar gewaltsam Lösungen „jetzt und
sofort" oder „alles oder nichts" zu verlangen.

Die neue Perspektive durch das Wort Gottes, durch Gottes Licht und Gottes Wahrheit schenkt uns die Fähigkeit zur Kritik – auch uns selbst gegenüber. Sie ermöglicht uns, nüchtern und realistisch unsere eigenen Positionen und Reaktionen zu betrachten. Sie hilft uns sogar, noch einen Schritt weiter zu gehen: Zugang zu den Positionen und Reaktionen der anderen zu finden. Gottes Licht und Gottes Wahrheit sind so etwas wie eine Brille vor unseren Augen, um den Blick für die Achtung voreinander, für ein friedliches Umgehen miteinander, für Respekt und Achtung vor Gegnern und Andersdenkenden zu schärfen. Denn meine eigene Würde als Mensch zu wahren und zu verteidigen gelingt nur, wenn auch die Würde des anderen gewahrt bleibt. Aus dem Schrei nach Gottes Parteilichkeit für uns allein wird so unsere Parteinahme für ein Leben in Gemeinschaft mit anderen erwachsen.

„Meine Seele, harre auf Gott. Ich werde Gott danken, dass er meine Hilfe und mein Gott ist!" Zu Beginn des Psalms war der gequälte und fordernde Schrei nach Gottes Machterweis und Parteilichkeit. Am Ende des Psalm steht die Selbstaufforderung zu innerer Festigkeit, die Dankbarkeit und die Gewissheit: Gott ist meine Hilfe. Er ist bei mir, mitten in meinen Ängsten und Sorgen. Wie kommt es zu solchem Wechsel der Stimmung und der Lebenshaltung von Betenden? Ich denke, unser menschliches Reden zu Gott und Gottes Wort zu uns Menschen haben eine verändernde Kraft, auch wenn sich die äußerliche Wirklichkeit zunächst nicht sichtbar ändert. Gebete verändern Menschen und die Wirklichkeit für den betenden Menschen – wirklich. Das war damals zur Zeit des Psalmbeters so und es ist notwendig und im Wortsinn auch unsere Not wendend heute bei uns so, in unserem privaten Leben und im

Leben in Gemeinschaft, aber auch für alle offenen sozialen und politischen Fragen und Probleme in unserem Land und in unserer Welt, denn es steht viel auf dem Spiel für die Existenz vieler Menschen und ihrer Familien, für die Bewahrung der Schöpfung, für das friedvolle Zusammenleben von Völkern, Weltanschauungen und Religionen.

Angst, Sorge und Wut von Einzelnen und Gruppen dürfen sich nicht in Hass und Gewalt entladen. Unversöhnlichkeit in der Sache darf nicht zu Verunglimpfungen und Maßlosigkeit im Einsatz für die eigene Sache führen. Formen des Protestes müssen das Leben und die Würde der Andersdenkenden achten. Der alte Psalm aus biblischen Zeiten vermag uns auch heute lehren, um Gottes und der Menschen willen das rechte Maß bei all unseren Kämpfen für Recht und Gerechtigkeit zu behalten.

Wir können uns mit unserem Schrei nach Recht und Gerechtigkeit an Gott wenden. Wir können auf Gottes Licht und Gottes Wahrheit setzen, wenn wir hungern und dürsten nach Recht und Gerechtigkeit. Gottes Licht und Gottes Wahrheit werden uns leiten, dass aus dem Schrei nach Gottes Parteilichkeit für uns allein unsere Parteinahme für ein Leben in Gemeinschaft mit anderen erwächst.

Wo aber war Gott in Duisburg?

Die Loveparade wurde zum Totentanz. Mitten hinein in ein Fest überbordender Lebensfreude hat der Tod uns allen sein schreckliches Gesicht gezeigt. Trauer und Verzweiflung, Hilflosigkeit und Wut halten uns wie Ketten gefangen. Schreckensbilder besetzen unser Denken und Fühlen: Junge Menschen, die verzweifelt um ihr Leben kämpfen; fassungslose Menschen, die ihrer Trauer und Wut ungefiltert Ausdruck geben; erschütterte Helferinnen und Helfer, Polizistinnen und Polizisten, die selbst Hilfe und Ermutigung brauchen, aber auch Erwachsene, die wie versteinert die Verantwortung von sich wegschieben. Wir alle ringen um Fassung und suchen nach Trost, nach Verstehen und Verständnis. Auch unser Vertrauen in Gottes Gerechtigkeit und Liebe hat Risse bekommen. „Hat Gott vergessen, gnädig zu sein, oder sein Erbarmen in Zorn verschlossen?" (Psalm 77,10). Warum mussten 21 junge Menschen so plötzlich sterben, die doch nur ihrer Lebensfreude Ausdruck geben wollten? Warum ließ Gott das zu? Und wie verlangt Gott Rechenschaft von denen, die die Verantwortung für das Unglück zu tragen haben?

Die Loveparade wurde zum Totentanz. Aber unser Gottvertrauen und unseren Lebensmut wollen wir deshalb nicht preisgeben. Wir halten dagegen: Stärker als der Tod ist die Liebe! Es gilt: Stärker als der Tod ist die Liebe von uns Menschen zueinander. Der Tod kann unsere Liebe zu den Menschen, die wir verloren haben, nicht auslöschen, denn sie findet neue Wege und neue Formen. Blumen und Kerzen gehören dazu.

Wir können unsere Verstorbenen nicht mehr körperlich spüren. Wir können nicht mehr gemeinsam mit ihnen lachen und weinen, streiten und uns versöhnen. Aber wir tragen sie in unseren Herzen und in unseren Gedanken. Auch unsere Tränen und unsere Trauer sind ein Band der Liebe, das uns mit unseren Verstorbenen verbindet. Unsere Bänder der Liebe brechen die Macht des Todes. Das Zuhören, die Umarmung, das tröstende Wort; die Notfallversorgung und die Umsicht der Rettungskräfte; die spontane Hilfe fremder Menschen: Das bleibt gültig.

Es gilt auch: Stärker als der Tod ist Gottes Liebe. Unser Glaube an Gott ist keine Versicherung gegen Erfahrungen des Leides und des Todes. Aber wir können darauf vertrauen: Gottes liebevolle Gegenwart auf allen unseren Wegen ist uns zugesagt. Unser Gottvertrauen bewahrt uns nicht vor Schmerzen und Tränen, auch nicht vor Zweifel. Aber unser Glaube schenkt uns die Gewissheit, dass Gott unsere Schmerzen mitfühlt und unsere Tränen zählt.

Gottes Gerechtigkeit zeigt sich in unserem irdischen Leben nicht darin, dass guten Menschen nur Gutes widerfährt. Unser Glaube an Gott gibt uns keine eindeutigen Antworten auf unser Fragen nach dem Warum. Aber er vertraut darauf, dass Gottes Gerechtigkeit, die wir hier nur unvollkommen und widersprüchlich erleben, in seinem zukünftigen Reich endlich vollkommen und für alle Menschen sichtbar und erfahrbar sein wird.

Ein für alle Mal und an einem Menschen für alle Menschen hat Gott uns durch Jesus Christus offenbart: Unsere schrecklichen Erfahrungen mit dem Tod, ja unser Tod selbst ist nicht das letzte Wort über uns und unser Leben. Jesu Kreuz und seine Auferstehung versprechen: Das Leben, das Gott uns schenkt, ist stärker als der Tod. Unser Tod auf der Erde ist gleichzeitig das offene Tor zu einem neuen Leben in Gottes Reich. Deshalb können wir auch sagen: Unsere Toten sind nicht tot. Und so wird sich der Totentanz wandeln zu einem großen Fest unzerstörbaren Lebens. Das hat Gott uns in Christi Tod und Auferstehung gezeigt. Das bleibt gültig. Verlasst euch darauf, auch heute.

Das Wirken Gottes in meinem Leben konkret zu erkennen und zu deuten, das ist nicht leicht. Gottes Wirken bei der Loveparade im Sommer 2010 in meiner Heimatstadt Duisburg in einzelnen Ereignissen zu entdecken und theologisch zu deuten, das ist mir unmöglich.

21 junge Menschen starben, mehr als 500 wurden verletzt. Ungezählt sind die seelischen Verletzungen bei Teilnehmenden, Angehörigen, Einsatzkräften und den Verantwortlichen. Mein Glaube und meine theologische Überzeugung verbieten es mir, in diesem Unglück einen Fingerzeig Gottes gegen die Loveparade zu sehen, gegen die Stadt als Ort der Großveranstaltung und gegen die Organisatoren. Und ich kann schon gar nicht die Todesfälle als göttliche Bestrafung für die Teilnehmenden verstehen.

„Meint ihr, dass die 18, auf die der Turm in Siloah fiel und sie erschlug, schuldiger gewesen sind als alle anderen Menschen, die in Jerusalem wohnen? Ich sage euch: Nein!", spricht Jesus (Lukas 13,4f.) und fordert alle Menschen auf, ihr Leben neu zu überdenken und auszurichten an Gottes lebendigem Wort.

Wo aber war Gott in Duisburg? War es gottverlassen, dieses Gelände des alten Güterbahnhofs? Bei allem Erschrecken und Fragen bin ich ganz gewiss: Gott hatte die Menschen nicht verlassen, die in der Massenpanik um ihr Leben gefürchtet und gekämpft haben. Er war auch bei denen, die ihr Leben verloren haben. Und Gott ist bei all denen, die

Trauer tragen um geliebte Menschen. Er wird auch die nicht verlassen, die Fehler gemacht haben bei ihrem Planen und Entscheiden. Und auch die lässt er nicht allein, die in ihrer Panik kopflos wurden, weil sie nur noch ihr Leben retten wollten. Gott wird auch uns festhalten, deren Herzen jetzt so voll sind von Fragen und Zweifeln gegenüber Gottes Wirken in Duisburg. Ist er doch „nahe denen, die zerbrochenen Herzens sind" und er „hilft denen, die ein zerschlagenes Gemüt haben" (Psalm 34,19).

„Ich bin dankbar, dass wir uns von Ina verabschieden konnten"

Ein Gespräch mit Edith Jakubassa,
Mutter eines der Opfer der Loveparade

(verschriftlicht von Jens-Peter Iven, Pressesprecher der Evangelischen Kirche im Rheinland)

Edith Jakubassa ist eine bemerkenswerte Frau. Ruhig, stark, klar. Eine Frau, die Zuversicht ausstrahlt. Dabei hätte die Duisburgerin allen Grund zu tiefer Traurigkeit und Verzweiflung: Ihre Tochter Marina ist eines der 21 jungen Todesopfer der Loveparade-Katastrophe im Juli 2010. Die 21-Jährige starb zwei Tage nach dem Unglück auf der Intensivstation einer Klinik in Duisburg an ihren schweren Verletzungen, die sie im tödlichen Gedränge im Tunnel an der Karl-Lehr-Straße erlitten hatte.

Das erste Mal bin ich Edith Jakubassa beim Gedenkgottesdienst für die Opfer des Unglücks am 31. Juli 2010 begegnet. Beim anschließenden Treffen mit den Angehörigen der Toten haben wir uns unterhalten. Jetzt, gut ein halbes Jahr später, sitzen wir uns wieder beim Kaffee gegenüber. Diesmal bei ihr zu Hause. Wie entsetzlich das ist, wenn die Reihenfolge einfach nicht stimmt, wenn Eltern ihre Kinder beerdigen müssen und nicht umgekehrt, wissen wir beide. Aber was ist es, das Edith Jakubassa so gelassen macht? Was tröstet sie?

„Ich weiß, dass es ihr ‚da oben' gut geht", antwortet sie und blickt zur Zimmerdecke. „Da oben", das ist für sie das einfache Synonym für den Himmel: Marina ist bei Gott. „Die Leute können ja sagen, dass man das nur glauben kann. Aber ich glaube das nicht nur, ich weiß das", fügt sie hinzu, fast so, als müsse sie sich für ihren tiefen, selbstverständlichen Glauben entschuldigen.

Auf die Frage nach der schönsten Erinnerung an ihre Tochter fließen die Tränen. Ja, die Erinnerung tut weh, auch wenn Frau Jakubassa fest davon überzeugt ist, dass Gott nun für Marina so gut sorgt, wie wir Menschen das gar nicht könnten. Dieser bleibende Schmerz der Erinnerung, der mal mehr, mal weniger ins Herz sticht, ist mir sehr vertraut. Es tut nicht gleichmäßig weh, wie Herbert Grönemeyer in einem der Lieblingslieder unserer an Leukämie verstorbenen Tochter Meike singt. Nein, es kommt auch nach Jahren noch in Wellen. Trotzdem wird es leichter damit zu leben, weil die Lücke, die der Tod in unsere Familie gerissen hat, alltäglicher wird. Dennoch: Wirklich alltäglich wird der Verlust nie.

„Ina" – Edith Jakubassa nennt ihre Tochter Marina immer wieder bei ihrem Kosenamen– „war immer fürchterlich lieb. Ich hatte nie echte Sorgen mit ihr. Klar", lacht sie ein bisschen wehmütig, „in der Pubertät gab's immer mal wieder Zickereien." Aber sonst – „wir waren wie siamesische Zwillinge", sagt die verwaiste Mutter. Dass sich dabei ihr wehmütiger Gesichtsausdruck in eine glückliche Miene verwandelt, bestärkt mich in meinem Eindruck: Trotz des Verlustes, trotz aller Trauer ruht Edith Jakubassa in sich. Oder doch eher in Gott? Für sie ist die Antwort auf die Frage, was ihr hilft, das alles zu verkraften, klar: „Mir hilft der liebe Gott. Der hat mir mein Leben lang geholfen. Das ist meine Erfahrung." Und das klingt jetzt gar nicht mehr entschuldigend, sondern zutiefst gewiss.

Warum wollte Marina auf die Loveparade? „Sie fand die Musik ganz gut, aber vor allem wollte sie mit ihrer Clique etwas erleben, eine schöne Zeit haben", sagt ihre Mutter, „und ich habe mich gefragt, was das soll: Die Leute auf der Loveparade, mehr nackt als angezogen – was hat das mit Musik zu tun?" Und dann lacht sie. „Aber am Ende kann man da als Mutter eh nichts machen, das Kind war schließlich 21. Da sagst du nix mehr."

Edith Jakubassa und Friedhelm Scharff, Marinas Stiefvater, erzählen mir von dem Tag der Katastrophe. Der Stiefvater hat Ina am Morgen noch zu ihrer Arbeitsstelle gefahren. Sie machte eine Lehre als Friseurin. „Wir mussten einen riesigen Umweg fahren", berichtet er, „es war wegen der Loveparade ja alles gesperrt." Trotzdem kamen sie zu früh am Salon an. Der war noch nicht geöffnet, und so musste die Tochter noch draußen auf den Stufen zum Laden warten. „Ich habe gedreht und gehupt – so wie immer", sagt Friedhelm Scharff. Und diesmal habe sie – völlig untypisch – zurückgewunken. Die letzte „normale" Begegnung mit der jungen Frau.

Als die beiden Marina am späten Nachmittag wiedersehen, liegt sie auf der Intensivstation in einer Duisburger Klinik im Koma. „Der Arzt hat nicht drum herum geredet", erinnert sich Edith Jakubassa. „Bis auf das Herz seien alle Organe durch die schweren Quetschungen ausgefallen. Er hat uns gesagt, dass sie sterben wird, aber ich habe gedacht: Red' du nur. Das kann ja gar nicht sein. Sie wird wieder gesund." Nach und nach habe sie aber begriffen, dass das Sterben unvermeidlich auf sie zukommt, so die Mutter. Und von diesem unfassbaren Moment, der mir vom Sterbebett unserer Tochter noch so lebendig vor Augen steht, berichtet sie ohne Verzweiflung, ohne Bitterkeit: „Die Ärzte haben mir nahegelegt, die Maschinen abzustellen, denn es funktionierte ja nur noch das Herz. Und ich hatte das

Gefühl, dass meine Tochter zu mir sagt: ‚Mensch, Mama, lass mich los!'" Edith Jakubassa und Friedhelm Scharff haben entschieden, sich auf das Unvermeidliche einzulassen. „Als wir sagten, die Ärzte sollen die Maschinen abstellen, da haben sich Marinas Gesichtszüge entspannt", sagt ihr Stiefvater. Sie habe hübsch ausgesehen. So wie immer. „Ich bin dankbar, dass wir uns von Ina verabschieden konnten", stellt ihre Mutter fest, „das konnten die Angehörigen der anderen Opfer nicht." Ich kann ihr diese Dankbarkeit ansehen, während sie das sagt. Ja, beim Sterben des eigenen Kindes dabei sein zu können, es in den Armen halten zu können, ist in diesem großen Elend in der Tat ein Glück. Vielleicht schwer zu verstehen für jemanden, der dies selbst nicht erlebt und erlitten hat. Es ist traurig und tröstlich zugleich. Es ist der Moment, in dem ich als Vater selbst nichts mehr halten konnte, aber in dem ich gespürt habe: Ich werde gehalten, deswegen kann ich es auch aushalten.

Wer trägt Schuld an der Loveparade-Katastrophe? Die Frage ist noch immer ungeklärt. Und auch die Frage jenseits der Schuld, nämlich die nach der politischen Verantwortung ist noch immer eine offene Wunde in Duisburg. Nein, sagt Edith Jakubassa, die Diskussionen um diese Fragen prallten an ihr ab. „Ich habe von Anfang an keinen Hass gespürt. Das bringt doch Marina nicht wieder zurück." Sie fand es toll, dass Bundespräsident, Bundeskanzlerin und die Ministerpräsidentin beim Gedenkgottesdienst und dem Angehörigentreffen anwesend waren. „Das hat mir gutgetan. Frau Kraft hat sogar hier angerufen, und dann haben wir zusammen am Telefon geweint." Das ist ihr wichtiger als die Beantwortung der Schuldfrage. „Ich finde mich damit ab, dass es ist, wie es ist."

Sicher, vor dem Weihnachtsfest hätten sie schon Angst gehabt – das erste Weihnachtsfest ohne Ina. Dann haben sie zwei alleinstehende Nachbarn zum Heiligabend eingeladen und miteinander gut gegessen und Spiele gespielt – so wie ihre Tochter es auch gerne hatte. „Es war nicht so schlimm wie befürchtet", sagt Edith Jakubassa, „der liebe Gott macht das schon. Aber, Herr Schneider, jetzt muss ich doch mal fragen, wie das eigentlich bei Ihnen ist. Wie kommen Sie mit dem Tod ihrer Tochter klar?"

Edith Jakubassa ist in der Tat eine bemerkenswerte Frau. Ruhig, stark, klar. Und vor allem getrost …

Der Wunsch, verschont zu bleiben, taugt nicht

Bitte

Wir werden eingetaucht
und mit dem Wasser der Sintflut gewaschen
wir werden durchnäßt
bis auf die Herzhaut

Der Wunsch nach der Landschaft
diesseits der Tränengrenze
taugt nicht
der Wunsch, den Blütenfrühling zu halten
der Wunsch, verschont zu bleiben
taugt nicht

Es taugt die Bitte
daß bei Sonnenaufgang die Taube
den Zweig vom Ölbaum bringe
daß die Frucht so bunt wie die Blüte sei
daß noch die Blätter der Rose am Boden
eine leuchtende Krone bilden

Und daß wir aus der Flut
daß wir aus der Löwengrube und dem feurigen Ofen
immer versehrter und immer heiler
stets von neuem
zu uns selbst
entlassen werden

HILDE DOMIN

Wer in der Liebe bleibt, der bleibt in Gott und Gott in ihm

Glauben, Hoffen und Lieben unterliegen nicht der Vergänglichkeit alles Irdischen. Glauben, Hoffen und Lieben bleiben, auch wenn Himmel und Erde vergehen – diese Gewissheit schenkt uns der Apostel Paulus. Die Liebe aber ist die Größte unter ihnen. Die Erfahrung, dass die Liebe uns Grenzen überschreiten lässt, dass die Liebe allen unseren Todeserfahrungen zu trotzen vermag, diese Erfahrung ist der größte Himmelsschatz, der unseren Erdenherzen zuteilwerden kann.

Liebe ist mehr, als wir glauben

Von der Liebe wird gesungen, gedichtet, geträumt und erzählt. Liebe macht uns lachen und weinen, lässt unsere Erdenherzen tanzen und jauchzen vor Lebensfreude und stürzt uns in tiefste Verzweiflung und Todessehnsucht. Liebe ist Thema in Schnulzen und Tragödien. Aber: Liebe ist auch das Thema von Philosophen und Theologen. Liebe ist ein entscheidendes, ein wichtiges – das wichtigste? – Thema der Bibel.

Liebe beschreibt die Leben bestimmende und die Leben entscheidende Beziehung zwischen Gott und uns Menschen, zwischen uns Menschen und Gott, zwischen Männern und Frauen, Eltern und Kindern, Freunden und Freundinnen, zwischen uns und unseren Geschwistern im Glauben, ja, sogar zwischen uns und unseren Feinden.

Liebe beschreibt die unser Leben bereichernden Beziehungen zu Tieren und Pflanzen, Büchern und Musik, Landschaften und Kulturen, Worten und Riten, Essen und Trinken, zu Spiel und Sport und Tanz. Die Erfahrungen der Liebe sprengen immer wieder neu unsere Bemühungen, sie begrifflich einzugrenzen und festzuschreiben. Und doch drängt es uns immer wieder, von der Liebe zu erzählen, zu dichten und zu singen.

Mit der Liebe geht es uns wie mit Gott: Wer sie in seinem Leben erfährt, der kann nicht einfach „schweigend genießen" und seine Erfahrungen wie einen toten Schatz im Acker vergraben. Wer Gott und wer die Liebe erfährt, der will diese Erfahrung teilen und mitteilen und anderen erfahrbar machen. Wer Gott und wer die Liebe erfährt, dem laufen Herz und Mund über.

In den Erfahrungen der Liebe erfahren wir Gott. In den Erfahrungen der Liebe erfüllt Gott unsere Erdenherzen mit Himmelsschätzen. Liebe ist mehr, als wir glauben!

Ich setze auf die Liebe

Ich setze auf die Liebe
Das ist das Thema
Den Hass aus der Welt zu entfernen
Bis wir bereit sind zu lernen
Dass Macht Gewalt Rache und Sieg
Nichts anderes bedeuten als ewiger Krieg
Auf Erden und dann auf den Sternen

Ich setze auf die Liebe
Wenn Sturm mich in die Knie zwingt
Und Angst in meinen Schläfen buchstabiert
Ein dunkler Abend mir die Sinne trübt
Ein Freund im anderen Lager singt
Ein junger Mensch den Kopf verliert
Ein alter Mensch den Abschied übt

Ich setze auf die Liebe
Das ist das Thema
Den Hass aus der Welt zu vertreiben
Ihn immer neu zu beschreiben
Die einen sagen es läge am Geld
Die anderen sagen es wäre die Welt
Sie läg in den falschen Händen

Jeder weiß besser woran es liegt
Doch hat noch niemand den Hass besiegt
Ohne ihn selbst zu beenden
Er kann mir sagen was er will
Er kann mir singen wie er's meint
Und mir erklären was er muss

Und mir begründen wie er's braucht
Ich setz auf die Liebe! Schluss!
Gott schütze Euch
Gott schütze und befreie uns.

MICHAEL BLUM und HANNS DIETER HÜSCH

Liebe lässt Grenzen überschreiten

Mit Gott gemeinsam Grenzen überschreiten – wenn es irgendetwas gibt, das uns in unserem häufig sehr anstrengenden, manchmal sehr leidvollen, allzu oft aber einfach nur banalen Alltag Grenzen überschreiten lässt, dann ist es die Liebe. Sie kann uns gleichsam Flügel verleihen und gibt unserem Denken, Fühlen und Handeln immer wieder neue Kraft und Ausrichtung. Die Liebe schenkt Kraft zu Treue und Verlässlichkeit.

In Treue zu Gott und verlässlich miteinander verbunden überschreiten Menschen Grenzen – das galt für unsere Mütter und Väter im Glauben, das gilt für uns heute. So gehört zum Abschied Jesu von seinen Jüngern, nachdem er das Passahmahl mit ihnen gehalten hat, ganz wesentlich das Gebot der Liebe: „Wie mich mein Vater liebt, so liebe ich euch auch. Bleibt in meiner Liebe! Das sage ich euch, damit meine Freude in euch bleibe und eure Freude vollkommen werde. Das ist mein Gebot, dass ihr euch untereinander liebt, wie ich euch liebe!" (Johannes 15,9.11).

Dieses Gebot der Liebe ist das inhaltliche Zentrum der Abschiedsreden Jesu, gleichsam sein Abschiedsgeschenk an seine Jüngerinnen und Jünger, das Vermächtnis des irdischen Jesus für uns. „In Jesu Liebe bleiben" heißt: mit unserem Denken, Fühlen und Handeln Gott als Schöpfer und Erhalter unserer Welt und allen Lebens anzuerkennen, zu ehren und ihm zu vertrauen – sich ihm mit unserer ganzen Existenz anzuvertrauen. Die Liebe Jesu zu leben heißt: in dem anderen und in der anderen Gottes Kind, also meinen Bruder und meine Schwester erkennen, den anderen die ihnen von Gott geschenkte Menschenwürde ohne Vorbehalte zuzuerkennen. Ein wesentliches und unverzichtbares Zeichen der Liebe ist: den anderen Menschen Neues und Überraschendes zuzutrauen, sich von ihnen – wie ja auch von Gott – kein starres Bild zu machen.

Die uns von Jesus geschenkte und gebotene Liebe zu anderen Menschen lebt von der unzerstörbaren Hoffnung auf eine von Gottes Geist bewirkte Veränderungsbereitschaft und Veränderungsfähigkeit bei allen Menschen, nicht zuletzt auch bei uns selbst.

Jesu Gebot, „bleibt in meiner Liebe", meint aktive und oft auch anstrengende Beziehungsarbeit. In Jesu Liebe bleiben heißt: Mitten in unserer Alltagswelt immer wieder neu nach Gott zu fragen und zu suchen, Gottes Gegenwart und Macht zu vertrauen gegen allen Augenschein, inmitten all unserer Nöte und Todesbegegnungen. Dieses Fragen und das Suchen nach Gottes Wort und Willen für unser konkretes Alltagsleben und für den Alltag unserer Welt kosten Energie und Zeit. Aber das Fragen und Suchen nach Gottes Wort und Willen sind erfüllte und zugleich erfüllende Zeit. Uns wird darin neue Energie geschenkt, sozusagen „Liebesenergie", die unsere Erdenherzen mit Himmelsschätzen gleichsam neu auflädt.

„Bleibt in meiner Liebe" – das ist vor allem ein Geschenk Jesu an seine Nachfolger und Nachfolgerinnen, weil Gott uns ja zuerst und vorbehaltlos liebt, weil Gott uns sein Wort und seinen Willen in Jesus Christus offenbart und weil er uns täglich neu die Kraft und den Trost durch seinen Geist zusagt, in dem und mit dem wir Gott und einander lieben können.

In unserem Lieben und Geliebtwerden wird Gottes Reich schon hier und schon jetzt für uns und für andere spürbar,

schmeckbar und erfahrbar. In unserem Lieben und Geliebtwerden können wir mit Gott gemeinsam Grenzen überschreiten, jetzt all die konkreten kleinen und großen Grenzen unseres Alltagslebens und dann auch die nur
augenscheinlich endgültige Grenze, die der Tod unserem
Leben setzt.

Stärker als der Tod ist die Liebe

„Stark wie der Tod ist die Liebe.
Unüberwindlich wie unsere Gräber und das Totenreich ist
die Leidenschaft.
Die Glut der Liebe ist feurig und eine Flamme Gottes.
Wassermassen können die Liebe nicht löschen
und Sturzfluten schwemmen sie nicht hinweg.

Wer meint, er könne solche Liebe kaufen,
der ist ein Narr, er hat sie nie gekannt.
Gäbe er auch alle Reichtümer seines Hauses,
es würde nicht genügen!"

(Hoheslied 8,6b.7)

Ich mag diese Verse des Hoheliedes. Hier plätschern Liebes-
lust und Liebesleid nicht leichtfüßig und oberflächlich da-
hin. Hier geht es nicht um leichtfertige und belanglose Tän-
deleien und wechselnde Verliebtheiten, sondern um eine
Liebe, stark wie der Tod, um Leidenschaft, unüberwindlich
wie das Totenreich, um Liebe, die eine Flamme Gottes ist.
Es geht um eine Liebe, die unser Leben mit Sinn erfüllt –
auch und gerade unter Tränen. Wir können sie nicht kaufen, und doch zahlen wir einen hohen Preis für das Erleben
solch einer Liebe und Leidenschaft: der Verlust unserer Seel-
enruhe, der Verlust unserer Unverwundbarkeit und Unver-
letzlichkeit, der Verzicht auf Gleichmut und Gleichmaß. Ich
zahlte und zahle ihn gern, diesen Preis, auch unter Tränen.
Stark wie der Tod ist die Liebe, unüberwindlich wie unsere
Gräber und das Totenreich ist die Leidenschaft, singt das
Hohelied. Ich habe in meinem Leben solche Liebe und sol-

che Leidenschaft in meinen zwischenmenschlichen Beziehungen gesucht und erfahren und ich will sie weiter suchen und erfahren, solange ich lebe. Mit der Osterbotschaft des Evangeliums halte ich aber dagegen: Stärker als der Tod ist die Liebe! Überwunden sind alle Gräber und das Totenreich in der Liebe und Leidenschaft Gottes für uns Menschen! Die Liebe Gottes, die uns in Jesus Christus erschienen ist, hat die Macht des Todes gebrochen und begrenzt. Die Jüngerinnen und Jünger Jesu haben an dem ersten Ostermorgen unserer Weltgeschichte das Grab Christi offen und leer gefunden und erfahren. Seit diesem Ostermorgen sind auch für uns unsere Gräber nicht mehr nur Orte der Verwesung und der Verzweiflung, sondern Orte der liebevollen Erinnerung und der Zukunftshoffnung.

Und wenn auch mit verwundetem Herzen, stehe auch ich heute, mehr als sechs Jahre nach dem Tod meiner geliebten Tochter, mit meiner Erfahrung dafür: Stärker als der Tod ist die Liebe!

Der Tod eines geliebten Menschen kann meine Liebe zu ihm nicht beenden. Die Sturzfluten meiner Tränen löschen die Glut der Liebe nicht aus. Nicht nur Gottes Liebe, sondern auch meine Liebe überwindet in der Hoffnung auf das neue Leben im Gottesreich den Tod und das Grab und das Totenreich. Meine Liebe verlangt nach Ewigkeit und schenkt mir – nicht immer, aber immer wieder einmal, nicht ohne Anfechtungen und Zweifel und oft unter Tränen – einen Vorgeschmack der Ewigkeit.

„Nimm es als Ausdruck von Liebe – aber nicht als Ausdruck von Selbstlosigkeit"

Ein Gespräch zwischen Nikolaus Schneider und Frank-Walter Steinmeier

(verschriftlicht von Jens-Peter Iven, Pressesprecher der Evangelischen Kirche im Rheinland)

Im August 2010 hat der SPD-Fraktionsvorsitzende und ehemalige Außenminister Dr. Frank-Walter Steinmeier seiner Ehefrau eine Niere gespendet. Elke Büdenbender ist schon seit langer Zeit nierenkrank. Ohne eine Spenderniere wäre für sie eine Volldialyse in kurzer Zeit unvermeidlich gewesen. Meike, die jüngste Tochter von Nikolaus Schneider, hat im Oktober 2004 eine Knochenmarkspende zur Bekämpfung ihrer Leukämie erhalten. Frank-Walter Steinmeier und Nikolaus Schneider verbindet eine persönliche Beziehung.

N. Schneider: Frank, Du hast dich im Sommer 2010 dazu entschlossen, etwas von dir herzugeben, im ganz buchstäblichen Sinn. Was hat für dich den Ausschlag gegeben?

F.-W. Steinmeier: Nierenkrank ist meine Frau Elke ja nicht erst seit dem Beginn des vergangenen Jahres, sondern schon seit weit mehr als zehn Jahren. Zum ersten Mal ist die Erkrankung bei der Geburt unserer Tochter aufgetreten. Aber meine Frau hat damit leben gelernt, mit großer Disziplin bei der Ernährung und mit einer wachsenden Zahl von Medikamenten. Fast hatten wir uns beide an den Zustand gewöhnt und haben in unserem Alltag ignoriert, dass der labile Zustand nicht auf Dauer aufrechterhalten werden kann. Natürlich war mir klar, dass Elkes Krankheit unaufhaltsam fortschreitend ist und irgendwann der Punkt gekommen wäre, an dem eine Volldialyse bei ihr unvermeidlich ist. Dennoch: Über jedes gewonnene Jahr waren wir glücklich, und wir hatten Zeit, uns auf das Unvermeidliche vorzubereiten. Für mich persönlich war die Organspende deshalb nicht eine Entscheidung, die ich innerhalb von Stunden oder Tagen treffen musste. In der Begleitung von Elkes Krankheit ist bei mir über die Jahre die Bereitschaft gewachsen, auch dann mit einer Spende zur Verfügung zu stehen, wenn es medizinisch möglich und nach dem Fortschritt der Krankheit auch nötig ist.

N. Schneider: Aber mit dieser Bereitschaft zur Lebendspende hast du die Leute verblüfft. Das gab ja auch jede Menge Schlagzeilen.

F.-W. Steinmeier: Zunächst einmal war ich nicht erstaunt oder überrascht, dass es Reaktionen in der Öffentlichkeit gab. Gar nicht so sehr wegen der Nierenspende selbst, sondern weil es ungewöhnlich ist, dass ein Politiker aus vollem Lauf auf einmal nicht mehr auf der politischen Bühne ist. Dass das nicht ganz unbemerkt bleiben würde, war mir klar. Überrascht, aber noch mehr berührt hat mich vor allen Dingen die riesige öffentliche Anteilnahme: hunderte von Briefen, E-Mails, SMS. Viele nur mit ganz einfachen Genesungswünschen. Manche, die ihr Erschrockensein darüber geäußert haben, dass ihnen unsere Situation nicht klar war, obwohl wir jahrelang zusammengearbeitet haben. Es gab tief berührende Briefe von ganz fremden Menschen, die einfach nur kurz berichtet haben, dass ihnen unser Schicksal nahegeht und dass sie am Sonntag in die Kirche gehen und eine Kerze anzünden werden. Alles das hat mich und meine Frau berührt. Und ich bin sicher, es hat uns auch geholfen. Es ist Teil des Genesungsprozesses, der ja ohne ein gewisses Maß an Hoffnung und Zuversicht gar nicht gelingt.

N. Schneider: Hast du schon alle Briefe „abgearbeitet"?

F.-W. Steinmeier: Nein, damit bin ich noch nicht fertig. Vor allem nicht mit den Briefen von Menschen, die mit ihrer schweren Nierenerkrankung im Verborgenen leben. Viele warten in Hoffnung, manche in Verzweiflung auf eine lebensrettende Nierenspende. Mir war nicht klar, dass so viele Menschen in Deutschland von diesem Schicksal betroffen sind. Und ich habe nicht gewusst, in wie vielen Familien in Deutschland so viel Verzweiflung herrscht, weil medizinische Hilfsmöglichkeiten nicht ausreichend zur Verfügung stehen. Gerade von solchen Menschen kamen Briefe, in denen sie Respekt für meine Haltung und Anerkennung für eine mutige Entscheidung übermittelt haben. Im Nachhinein freut mich jeder dieser Briefe und doch erinnere ich mich gleichwohl, dass ich damals ein klein wenig damit gefremdelt habe. Ich habe das gar nicht so empfunden ...

N. Schneider: Warum nicht?

F.-W. Steinmeier: Als Partner einer damals schwerkranken Ehefrau war das für mich eher ein Prozess, in dem so gar nichts Heldenhaftes steckte, sondern in dem schlicht und einfach die Möglichkeiten und Erfolgsaussichten von Therapien immer enger wurden und am Ende – und jetzt meine ich wörtlich: Gott sei Dank – eine Therapiemöglichkeit übrig blieb. Gott sei Dank, denn bei einer Transplantation liegt die Wahrscheinlichkeit, dass die Organe auch wirklich zusammenpassen, bei 1:1.000. Und als nach vielen Voruntersuchungen und manchem Auf und Ab in dieser Zeit die erlösende Nachricht kam, dass man die Nierentransplantation von mir auf meine Frau wagen kann – das war schon ein unbeschreiblicher Moment.

N. Schneider: Das kommt mir sehr vertraut vor, denn die Suche nach einem passenden Knochenmarkspender für Meike war auch mühsam und nervenaufreibend.

F.-W. Steinmeier: Ja, und obwohl es dann bei uns am Ende medizinisch passte, war das für meine Frau nicht leicht. Da wechselten Tage von großer Klarheit mit Tagen von großer Unsicherheit. Damals hat mich das überrascht.

N. Schneider: In welchem Sinn?

F.-W. Steinmeier: Je näher die Entscheidung rückte, desto größer wurden für einige Wochen ihre Bedenken, die Organspende auch anzunehmen. Sie hatte Sorge, dass die Organentnahme unbeherrschbare Risiken für mich bedeutet, auch Sorge, dass vom Zeitpunkt der Organübertragung an möglicherweise die Gesundheit beider Eltern unsere Tochter eingeschränkt sein könnte. An manchen Tagen erschien ihr die Organspende als unannehmbar großes Geschenk. Das waren schwierige Wochen, und ich weiß auch aus vielen Briefen, dass die meisten Partner diesen Prozess vor und bei der Lebendspende durchmachen. Wir haben das viele Male und über viele Nächte miteinander besprochen. Und das war kein einseitiges Gespräch! Ich musste nicht nur Elke überzeugen, sondern mir auch über die Gründe meiner Entscheidung klar werden. Wenn man sich zur Organspende entschließt, ist das natürlich in Jahren und Jahrzehnten gewachsene und erhaltene Zuneigung und Liebe. Aber es ist auch nicht nur uneigennützig, denn ich will ja mit meiner Partnerin, mit der ich lebe und die ich liebe, weiterleben – und das möglichst in einer Situation, in der sich das Zusammenleben nicht tagtäglich 24 Stunden um die Krankheit und den Umgang mit der Krankheit dreht. Deshalb war mein Argument immer: Nimm es als Ausdruck von Liebe – aber nicht als Ausdruck von Selbstlosigkeit. Ich tu es für uns beide.

N. Schneider: Also war es eine Konsequenz gegenseitiger Liebe. Deshalb war die Situation nicht bestürzend und nicht bedrohlich. Gut, dass ihr die Möglichkeit hattet, euch auf diese Fragen so einzustellen und miteinander einzustellen, dass sie im Grunde selbstverständlicher Bestandteil der gemeinsamen Bewältigung dieser Situation war.

F.-W. Steinmeier: Ja, das war's. Die Situation hat uns über Jahre beschäftigt, aber nicht beherrscht. Wir wussten, dass wir das gemeinsam durchstehen würden. Und obwohl wir reichlich Zeit hatten, uns auf das Unvermeidliche einzustellen, wurde es doch ein sehr gedrängter Entscheidungsprozess. Anfang des Jahres teilten die Ärzte uns mit: „Das wird so mit Ihrer Frau nicht länger als ein Jahr gehen." Und dann wurde nach den nächsten Untersuchungen dieser Abstand immer kürzer: ein dreiviertel Jahr, ein halbes Jahr. Ich war froh, als wir nach den sicherlich notwendigen und auch rechtlich vorgeschriebenen Beratungsgesprächen endlich zu den medizinischen Untersuchungen zur Gewebeverträglichkeit, zur Klärung der Operationsrisiken für Spender und Empfänger übergingen. Die Beratungsgespräche – so hilfreich sie waren – führten immer noch einmal an den Punkt, an dem man die schon getroffene Entscheidung noch einmal mit dem einen oder anderen Zweifel konfrontiert. Im Juni endlich das Ergebnis: Die Blutgruppen stimmen überein, keine Gewebeunverträglichkeiten, also keine medizinischen Gründe, die einer Operation entgegenstehen. Das war ein glücklicher Tag. Mit fiel ein riesen Wackerstein von meinem Herzen!

Natürlich war das keine einfache Zeit für meine Tochter. Das waren Wochen der Ungewissheit und Angst, auch für sie. Und mit ihren 14 Jahren wusste sie sehr genau, dass das keine Alltagssituation ist, die wir zu bewältigen haben. Sie hat gespürt, dass das auch bei uns, den Eltern, Beunruhigung und Sorgen auslöst. Meine Frau und ich haben von Anfang an offen über die Situation gesprochen, aber dazu gehörte natürlich auch die Überlegung, ob wir vorsorglich vor den Operationen ein Testament machen sollen. So vernünftig das ist, so sehr hat es bei unserer Tochter einen Eindruck vom Ernst der Lage hinterlassen. Die Spannung löste sich auch für sie, als alle Entscheidungen gefallen waren und der Termin zur Organübertragung feststand. Gemeinsam mit ihr sind wir dann unmittelbar vor den Operationen noch ein paar Tage in den Urlaub gefahren. Das war eine gute Zeit – eine Zeit zum Kräftesammeln, zum Gespräch, eine Zeit der Zuversicht. Vielleicht schon der Beginn der Genesung.

N. Schneider: War in euren Gesprächen auch die Zerbrechlichkeit, die Endlichkeit des menschlichen Lebens und was ihr mit diesen Begrenztheiten verbindet ein Thema? Spielte die Frage nach Hoffnung über den Tod hinaus eine Rolle?

F.-W. Steinmeier: Uns beiden ist in diesem nicht ganz einfachen Jahr, das da hinter uns liegt, klar geworden, dass auch wir mit zu viel Selbstverständlichkeit die Routinen des Alltags leben, so als seien Glück und Gesundheit auf ewig garantiert. Auch wenn wir beide uns Nachdenklichkeit in unserem Alltag bewahrt haben, die Grenzfragen des Lebens waren auch bei uns nicht jeden Tag Thema. In den Wochen der großen Ungewissheit, als wir noch nicht wussten, ob eine medizinische Therapie für meine Frau zur Verfügung steht und ob sie Erfolg verspricht, veränderten sich die Gespräche. Da ging es dann auch darum, wie viel gemeinsame Zeit uns noch bleibt. Es waren schwere Gespräche, von denen ich aber heute überzeugt bin, dass sie neben dem wunderbaren medizinischen Erfolg aus diesem letzten Jahr eben auch bleiben. Es hat sicherlich für uns beide noch einmal nach den mehr als 20 Jahren, die wir miteinander leben, eine neue Tiefe in unsere Partnerschaft gebracht – und ich hoffe, auch eine Sensibilität, die wir uns über die bedrängende Situation hinaus erhalten können. Eine Sensibilität, die hilft, dem Zweit- und Drittwichtigsten im Leben nicht zu viel Raum einzuräumen.

N. Schneider: Was sagst du denen, die dich heute fragen: Wie geht es Ihnen?

F.-W. Steinmeier: Ich bin nicht mehr ganz vollständig, aber mir fehlt nichts! Ich fühle mich sogar bereichert durch dieses Jahr.

N. Schneider: Du hast dich ja nun auch sehr deutlich positioniert, was Organspende und die Bereitschaft dazu generell angeht. Welche Resonanz bekommst du? Kommen Leute, die sagen: „Na ja, wissen Sie, Herr Dr. Steinmeier, das kommt ja nur, weil Sie selbst betroffen sind"? Ist das für viele Leute weit weg?

F.-W. Steinmeier: Es gibt beides: einerseits die auffordernden Briefe von Menschen, die schreiben: „Es hat eine große öffentliche Diskussion gegeben. Aber jetzt tun Sie auch mal was!" Und es gibt auch einige wenige andere Briefe von Menschen, die schreiben: „Sie als bekannter Politiker haben es leicht, sich öffentlich für die Organspende auszusprechen. Wir, die keiner sieht, die im Verborgenen leben, haben gar keine Möglichkeit, unsere Stimme laut werden zu lassen." Ich weiß das und ich spüre nach dieser öffentlichen Diskussion des letzten Jahres die Verantwortung, nach Möglichkeiten zur Erhöhung der Zahl der Organspenden zu suchen. Die öffentliche Diskussion hat übrigens auch gezeigt, dass es in der Bevölkerung eine viel größere Bereitschaft zur Organspende gibt, als vermutet. Offensichtlich haben wir noch keine geeigneten rechtlichen Möglichkeiten gefunden, auf die Menschen zuzugehen und um die Erklärung ihrer Bereitschaft zu bitten.

Ich persönlich bin davon überzeugt, dass die Länder, die sich schon vor Jahren zu einer sogenannten Widerspruchslösung entschlossen haben – wie Österreich oder Spanien –, es heute leichter haben. Aber ich muss mit den Vorbehalten umgehen, die es in Deutschland gibt. Und nichts wäre schlechter für die Spendenbereitschaft, als die Diskussion der Neunzigerjahre einfach zu wiederholen, die zur jetzigen Regelung im Transplantationsgesetz führte. Genauso schlecht wäre es, mit einer knappen Mehrheit von 51 zu 49 Prozent ein anderes Transplantationsrecht durchzusetzen. Auch die Politik muss anerkennen, dass es hier um existenzielle Grenzfragen des Lebens geht, in denen sich keiner die Antwort leicht macht. Wir müssen respektieren, dass es für viele religiöse und ethische Gründe gibt, Nein zu sagen. Aber ich bin davon überzeugt: Wir haben die Verpflichtung, nach Möglichkeiten zu suchen, die Zahl der Spenderorgane zu erhöhen – und die gibt es.

N. Schneider: Die Zahlen sprechen ja für sich.

F.-W. Steinmeier: Ja, es sterben noch immer 1000 Menschen jedes Jahr, die nicht sterben müssten, wenn Organe zur Verfügung stünden. Mein Weg, für den ich noch Unterstützung im Bundestag suche, ist die sogenannte Entscheidungslösung. Damit wollen wir keinen zwingen, Organspender zu sein, aber jeden bitten, sich für oder gegen die Bereitschaft zur Organspende zu entscheiden. Wichtig ist vor allem, dass wir endlich das Ergebnis einer solchen Entscheidung öffentlich dokumentieren, sei es in Ausweispapieren oder in einem zentralen Register, sodass es im Ernstfall abrufbar ist.

N. Schneider: Und wir würden damit ja auch eine Situation beenden, in der wir von anderen Ländern profitieren. Wir führen ja sozusagen Organe ein und nutzen damit die Vorteile der besseren Regelung im Ausland.

F.-W. Steinmeier: Nikolaus, hast du eigentlich einen Organspenderausweis?

N. Schneider: Ja, ich habe schon länger einen Spenderausweis. Meine Frau Anne auch. Wir waren immer der Meinung, dass wir dazu bereit sein müssen. Auch für uns ist die Bereitschaft zur Organspende ein Zeichen gegenseitiger Liebe und christlicher Nächstenliebe. Deshalb endet für mich die Bereitschaft zur Organspende auch nicht an Familiengrenzen. Und das Zweite ist: Wir haben von einer Knochenmarkspende für Meike profitiert, die dann am Ende zwar nicht ihr Leben gerettet, uns aber Zeit geschenkt hat und uns zunächst einen großen Hoffnungsraum eröffnete. Nach dieser Knochenmarkspende verbrachten wir eine wunderbare Advents- und Weihnachtszeit zu Hause. Danach wurde Meikes gesundheitliche Situation leider abrupt schlechter. Aber diese Wochen kann uns keiner nehmen. In einem Krankenhaus klebte ein Aufkleber auf einer Tür, auf dem stand: „Nehmen Sie Ihre Organe nicht mit in den Himmel, wir brauchen sie hier." Das hat eine gewisse Leichtigkeit …

F.-W. Steinmeier: … und muss den Christenmenschen nicht quälen. Denn die Seele ist ja bekanntlich kein Organ (lacht) und wird ihren himmlischen Bestimmungsort finden.

(Das Gespräch zwischen Nikolaus Schneider und Frank-Walter Steinmeier fand im Februar 2011 in Berlin statt.)

Genauer wünschen lernen

In einem rhythmus leben mit dir
über die gleichen vögel lachen
zusammen aufstehen murren und arbeiten gehen
hungrig werden und mit dir kochen

In einem rhythmus leben gegen dich
lieben wollen wenn du lesen willst
diskutieren wenn du weinst
nüchtern sein wenn du dich betrinkst

Wünschen möchte ich lernen
mit dir und gegen dich
dasein möcht ich für dich
ohne mich aufzulösen

Dein bin ich und nicht dein
aber immer noch vielmehr dein
als ich je mein war
was man genau genommen
für einen gottesbeweis halten kann

DOROTHEE SÖLLE

Gottes neuer Himmel und Gottes neue Erde sind uns verheißen

„Und ich sah einen neuen Himmel und eine neue Erde.
Siehe da, die Hütte Gottes bei den Menschen! Und er wird
bei ihnen wohnen, und sie werden sein Volk sein und er
selbst, Gott mit ihnen, wird ihr Gott sein; und Gott wird
abwischen alle Tränen von ihren Augen, und der Tod wird
nicht mehr sein, noch Leid noch Geschrei noch Schmerz
wird mehr sein; denn das Erste ist vergangen."
(Offenbarung 21,1a.3b–4)

Dass uns Menschen Gottes neuer Himmel und Gottes neue
Erde verheißen sind, ist Trost – nicht Vertröstung! – für
unsere verwundeten Erdenherzen. Gott selbst wird unter
uns wohnen. Dann, aber erst dann ist uns verheißen: Wir
werden Gott nicht mehr nur „wie durch einen dunklen
Spiegel" fragmentarisch erkennen. Wir müssen Gott nicht
mehr inmitten all des menschlichen Leidens, Sterbens und
Versagens unter Tränen nach seiner Gerechtigkeit und
wirksamen Gegenwart fragen. Wir werden auferstehen!
Gottes neuer Himmel und Gottes neue Erde werden kommen, Gottes Reich wird für uns und für alle und überall
sichtbar und erfahrbar anbrechen. Diese Gewissheit macht
unsere Erdenherzen fest, schon jetzt in unserem begrenzten, fragmentarischen und unheilen Leben, in unserer begrenzten, endlichen und unheilen Welt.

Ein Leben nach dem Tod

Glauben Sie fragte man mich
An ein Leben nach dem Tode
Und ich antwortete: ja
Aber dann wusste ich
Keine Auskunft zu geben
Wie das aussehen sollte
Wie ich selber
Aussehen sollte
Dort
Ich wusste nur eines
Keine Hierarchie
Von Heiligen auf goldenen Stühlen
Sitzend
Kein Niedersturz
Verdammter Seelen
Nur
Nur Liebe frei gewordene
Niemals aufgezehrte
Mich überflutend
Kein Schutzmantel starr aus Gold
Mit Edelsteinen besetzt
Ein spinnwebenleichtes Gewand
Ein Hauch
Mir um die Schultern
Liebkosung schöne Bewegung
Wie einst von tyrrhenischen Wellen ...
Wortfetzen
Komm du komm
Schmerzweh mit Tränen besetzt
Berg- und Talfahrt

Und deine Hand
Wieder in meiner
So lagen wir lasest du vor
Schlief ich ein
Wachte auf
Schlief ein
Wache auf
Deine Stimme umfängt mich
Entlässt mich und immer
So fort

Mehr also, fragen die Frager
Erwarten Sie nicht nach dem Tode?
Und ich antwortete
Weniger nicht

Marie Luise Kaschnitz

Hoffnung über den Tod hinaus

Wer lebt, ist immer auch mit dem Tod konfrontiert. Wir erleben, dass wir mitten im Leben vom Tod umgeben sind und lernen müssen, damit umzugehen. Irgendwann im Lauf des Erwachsenwerdens begreifen wir ganz existenziell, dass auch unser eigenes Leben nicht ewig dauert: Es bleibt ein endliches Leben, unsere Jahre sind gezählt. Erfahrungen mit dem Sterben anderer und das Bewusstsein unserer eigenen Sterblichkeit bringen uns ins Nachdenken und werfen für uns die Frage nach dem Sinn dieses Lebens auf.

Von Martin Luther wird berichtet, dass ihn 1530 während eines Aufenthaltes auf der Coburg die Nachricht erreichte, dass sein Vater gestorben sei. Tief erschüttert sagte er zu seinem Begleiter Veit Dietrich: „Nun denn, mein Vater ist auch tot." Anschließend habe er seinen Psalter genommen, sei in seine Kammer gegangen und habe sich ausgeweint. Und weiter berichtet Veit Dietrich, dass er sich sehr wundere über Luthers Standfestigkeit und Heiterkeit, seinen Glauben und die Hoffnung inmitten bitterster Zeiten. Diese Hoffnung bekäme Luther durch ein intensives Studium der Heiligen Schrift. Es vergehe kein Tag, an dem er nicht mindestens drei Stunden mit Beten verbringe. Im Gebet, im intensiven reden zu Gott, vergewisserte sich Luther also seines Glaubens und seiner Hoffnung.

Ich kann das gut nachvollziehen. Auch ich erfahre im Gebet angesichts des Todes mir nahestehender Menschen und im Bedenken meiner eigenen Sterblichkeit neue Hoffnung über den Tod hinaus, die mein Herz wieder fest macht, die mich stützt und getrost weiterleben lässt.

Was ist der Inhalt dieser Hoffnung? Wenn es in diesem irdischen Leben so etwas gibt wie ein „Tor" zum ewigen Leben, so öffnet sich das allein im Glauben, der sich auf Gottes Zusage verlässt und sich ihm – im Hören und im Gebet – ganz anvertraut. Gottes Wort verheißt uns Leben über den Tod hinaus, ein Leben, das in der Auferstehung Jesu Christi bereits angebrochen ist.

Wie sollen und können wir uns das vorstellen? Unser irdisches Leben wird nicht einfach bei Gott fortgesetzt. Auferstehung bedeutet: Neu geschaffen werden, in die Ewigkeit Gottes hinein verwandelt werden.

Ich glaube und hoffe diese Verwandlung in Kontinuität zu meiner persönlichen Identität und gleichzeitig in radikalem Bruch mit der Begrenztheit meiner körperlichen irdischen Existenz. Ich stelle sie mir vor als eine Befreiung zur vollkommenen Gemeinschaft mit dem allmächtigen und barmherzigen Gott und zu einer neuen Gemeinschaft mit all den Menschen, die mein Leben so reich gemacht haben und so reich machen.

Für den jüdisch-christlichen Glauben ist das Wort das entscheidende Band der Gemeinschaft zwischen Gott und Menschen. Gott schenkt uns sein Wort. Deshalb können und dürfen wir Menschen zu ihm reden. Luther konnte unter diesem Gesichtspunkt den Gedanken der Unsterblichkeit entfalten: Wir Menschen sind unsterblich eben darin, dass Gott mit uns redet. So wie Gott den Menschen durch sein Wort geschaffen hat, so liegt in Gottes Wort auch alle Zukunft des Menschen. Es ist derselbe Gott, „der da lebendig macht die Toten und ruft dem, was nicht ist, dass es sei" (Römer 4,17).

Für mich persönlich ist das gerade der Sinn meines Betens. Durch das Gebet kann ich mich Gottes Wort öffnen und ihm antworten. Gott gibt mir durch sein Wort eine Hoffnung, die über das Hier und Jetzt hinausreicht. Das heißt für mich auch: Ich darf Gott bitten, dass er mir auch inmitten meiner Todeserfahrungen beisteht und dass er seine Zusage wahr macht, dass sein Reich kommt – auch für mich!

Ein Gebetstext, der mir das vermittelt und der mir darum unverzichtbar ist, ist das „Vaterunser". In der Auslegung zu diesem Gebet hat Luther gesagt: Wir dürfen um das Kommen des ewigen Gottesreiches bitten, und zwar in der Gewissheit darum bitten, dass unser Bitten erhört wird. Im Gebet spannen wir gleichsam unsere Erdenherzen weit auf, um unvergängliche Himmelsschätze zu empfangen. Im Gebet dürfen und können wir also so grenzenlos „unverschämt" sein, um nicht weniger als das ewige Leben für uns und die geliebten Menschen, die uns gestorben sind, zu erbitten.

„Hoffen wir allein in diesem Leben auf Christus, so sind wir die elendesten unter allen Menschen"

„Hoffen wir allein in diesem Leben auf Christus, so sind wir die elendesten unter allen Menschen. Nun aber ist Christus auferstanden von den Toten" (1. Korinther 15,19.20a). Was ist eigentlich so schlimm daran, nur in diesem Leben auf Christus zu hoffen? Das ist doch schon eine ganze Menge. Und es ist viel mehr als ein Leben zu führen, in dem Christus überhaupt keine Rolle spielt. Außerdem: Ist es nicht sogar gefährlich, wenn wir unsere christliche Hoffnung auf ein Jenseits richten? Wurde christliche Hoffnung in unserer Welt- und Kirchengeschichte nicht allzu schnell als billiger Trost missbraucht? Wurden Menschen nicht immer wieder durch christliche Jenseitshoffnungen davon abgehalten, sich hier auf Erden für Gerechtigkeit und Frieden einzusetzen? Wäre es nicht an der Zeit, den Versen des Korintherbriefes einen anderen, einen neuen Akzent zu geben? Müssten wir nicht sagen und predigen: „Hoffen wir allein im jenseitigen Leben auf Christus, so sind wir die elendesten Christenmenschen. Nun aber ist Christus auferstanden von den Toten, damit wir aufstehen gegen Unrecht und Gewalt auf dieser Erde"?

Kurt Marti, ein Schweizer Theologe, hat in diesem Sinn ein „Neues Osterlied" gedichtet, das uns Christen davor bewahren will, die befreiende Kraft der Osterbotschaft für unser Leben hier und jetzt zu verschweigen:

Das könnte den Herren der Welt ja so passen,
wenn erst nach dem Tode Gerechtigkeit käme,
erst dann die Herrschaft der Herren,
erst dann die Knechtschaft der Knechte

vergessen wäre für immer.
Das könnte den Herren der Welt ja so passen,
wenn hier auf Erden alles so bliebe,
wenn hier die Herrschaft der Herren,
wenn hier die Knechtschaft der Knechte
so weiterginge wie immer.
Doch der Befreier vom Tod ist auferstanden,
ist schon auferstanden, und ruft uns jetzt alle
zur Auferstehung auf Erden,
zum Aufstand gegen die Herren,
die mit dem Tod uns regieren.

Lassen wir noch einmal den Korintherbrief zur Sprache kommen: „Hoffen wir allein in diesem Leben auf Christus, so sind wir die elendesten unter allen Menschen. Nun aber ist Christus auferstanden von den Toten!"
Worauf haben die Menschen zur Zeit des irdischen Jesus gehofft? Welche Hoffnungen hat Jesus in den Menschen, die von ihm hörten, die ihm begegneten und die mit ihm lebten, geweckt, erfüllt oder enttäuscht? Kranke hofften auf ihre Heilung, Besessene auf einen neuen Geist. Ausgegrenzte hofften auf neues Ansehen und Akzeptanz in ihrer Gemeinschaft. Trauernde ersehnten das Wunder des Weiterlebens ihrer Tochter, ihres Sohnes, ihres Bruders. Viele Menschen hofften auf die Befreiung von der totalitären und entwürdigenden Fremdherrschaft durch die Römer, auf politische und soziale Gerechtigkeit, auf die Gegenwart und die Nähe ihres Gottes, die sich in der staatlichen Selbstständigkeit und Größe Israels erweisen sollte.
Und Jesus? Jesus vertröstete die Menschen in ihrer konkreten Not nicht mit dem jenseitigen Leben im Gottesreich. Er heilte Kranke und Aussätzige, grenzte nicht aus, sondern

suchte und pflegte die Gesprächs- und Tischgemeinschaft mit Zöllnern, Huren und Andersgläubigen. Jesus befreite Menschen aus inneren Zwängen, er trieb böse Geister aus und holte Menschen zurück aus dem Tod, schenkte ihnen weitere irdische Lebenszeit: der Tochter des Jairus, dem Sohn der Witwe aus Nain und Lazarus, dem Bruder Marias und Marthas, seinem Freund.

Aber: Jesus enttäuscht an seine Person gebundene politische Hoffnungen auf Freiheit und neue staatliche Macht und Größe. Den Weg der Gewalt und politischen Macht beschreitet und bereitet er nicht. „Mein Reich ist nicht von dieser Welt!" (Johannes 18,36a), erklärt Jesus im Verhör vor Pilatus. Mit diesem Satz weist er nicht nur falsche Erwartungen – und auch falsche Anklagen – zurück. Er proklamiert mit diesem Satz den für seine Person unauflösbaren Zusammenhang des diesseitigen Lebens mit dem zukünftigen Gottesreich. Jesus sagt: Hier und jetzt diene ich den Menschen unter den Bedingungen der vergehenden weltlichen Herrschaftsverhältnisse. Meine unmittelbare und unvergängliche Herrschaft aber wird kommen.

Die Bindung an das zukünftige Gottesreich bedeutet für Jesus aber nicht, dass er das gegenwärtige Leben im Hier und Jetzt nicht verändern wollte. Jesus wollte Veränderung, und zwar in guter prophetischer Tradition. Frömmigkeit und Gerechtigkeit waren für ihn unzertrennliche Schwestern. Zur Zeit Jesu galt und uns Heutigen gilt: Hoffen wir allein für das jenseitige Leben auf Christus, so sind wir elende Christenmenschen! Wenn wir Gottes Liebe und Gottes Gerechtigkeit nur im Jenseits verankern, dann verfehlen wir unser Leben, dann missachten wir Gottes Gebot und Willen, dann leben wir nicht in der Nachfolge unseres Herrn Jesus Christus. Dann wäre Christus umsonst gestorben und auferstanden. Das „Neue Osterlied" von Kurt Marti soll und muss auch heute in unseren Kirchen und Gemeinden gesungen werden.

Gleichzeitig aber bleibt es für unser Leben und für unseren Glauben unverzichtbar, was der Apostel Paulus uns „ins Stammbuch" schreibt: „Hoffen wir allein in diesem Leben auf Christus, dann sind wir die elendesten unter allen Menschen!" Auf das kleine Wort „allein" kommt es an. Denn machen wir uns nichts vor: Wir können zwar mit unserem Leben, mit unseren Worten und Taten Zeugnis geben vom Gottesreich, wir können Verhältnisse verbessern, Spuren legen auf das hin, was da kommen soll, wir können fragmentarisch sichtbar werden lassen, was uns erwartet, und Schritte des Friedens und der Gerechtigkeit ermöglichen und beschreiten. Aber wir werden das Gottesreich auf dieser Erde nicht für alle und überall sichtbar und erfahrbar machen können. Der Tod, Leid und Gewalt werden Teil unserer irdischen Wirklichkeit bleiben. Anfechtungen, Ängste und Zweifel werden Teil unseres Glaubens bleiben. Wir sind nicht Gott.

Die große, radikale Veränderung, den neuen Himmel und die neue Erde wird Gott heraufführen – am Jüngsten Tag. Christus ist auferstanden von den Toten. Deshalb haben wir eine begründete Hoffnung auf den neuen Himmel und die neue Erde, wo der Tod nicht mehr sein wird. Darum hoffen wir in diesem und im zukünftigen Leben auf Christus. So sind wir die seligsten unter allen Menschen! Gott sei Dank.

Der Himmel, der ist,
ist nicht der Himmel, der kommt

Der Himmel, der ist,
ist nicht der Himmel, der kommt,
wenn einst Himmel und Erde vergehen.

Der Himmel, der kommt,
das ist der kommende Herr,
wenn die Herren der Erde gegangen.

Der Himmel, der kommt,
das ist die Welt ohne Leid,
wo Gewalttat und Elend besiegt sind.

Der Himmel, der kommt,
das ist die fröhliche Stadt
und der Gott mit dem Antlitz des Menschen.

Der Himmel, der kommt,
grüßt schon die Erde, die ist,
wenn die Liebe das Leben verändert.

Nach einem Text von KURT MARTI

Der Traum von der neuen Wirklichkeit

„Wenn einer alleine träumt, dann ist es nur ein Traum. Wenn viele gemeinsam träumen, dann ist es der Beginn einer neuen Wirklichkeit!" Diese Liedzeile von Dom Helder Camara singt uns eine große Ermutigung zu. Menschen, die einander ihre Visionen und Träume mitteilen, die geben sich selbst, geben einander und geben ihre Zukunft nicht auf. Das gilt gerade für schwere und leidvolle Zeiten. Mit dem Erzählen und Teilen von Visionen und Träumen ermutigen Menschen ihre leidgeprüften, schweren Erdenherzen. Dadurch bewahren sie sich Hoffnung und Zuversicht, und sie gleiten nicht ab in Erstarrung, Resignation oder Zynismus.

Die Heilige Schrift erzählt uns immer wieder von dieser bewegenden und stärkenden Kraft gemeinschaftlichen Träumens, das Gottes heilsame Zukunft für die Menschen antizipiert. Bei diesen Träumen handelt es sich nicht um eine überbordende Fantasie einzelner Menschen oder gar um einen psychischen Defekt. Visionen und Träume von der kommenden Gegenwart und dem zukünftigen Wirken Gottes sind vielmehr Werk und Geschenk des Heiligen Geistes. Gott selbst greift mit diesen Träumen in unsere menschliche Geschichte ein: „Und nach diesem will ich meinen Geist ausgießen über alles Fleisch und eure Töchter und Söhne sollen weissagen, eure Alten sollen Träume haben und eure Jünglinge sollen Gesichte sehen", das verspricht Gott durch den Mund des Propheten Joel (Joel 3,1). In der Pfingstpredigt des Petrus wird die Erfüllung dieser Verheißung für die Nachfolgerinnen und Nachfolger Christi proklamiert (Apostelgeschichte 2,1).

Träume von Gottes heilender Zukunft sind eben keine Schäume, sondern Geschenk und Geistesgabe. Deshalb bewegen sie Menschen, deshalb sind sie Hoffnungslichter in dunkler Zeit. Das gilt auch für uns Christenmenschen. Auch uns ist ein heilsamer Traum, die hoffnungsvolle Vision von dem zukünftigen Gottesreich geschenkt:

Die Vision des neuen Himmels und der neuen Erde, in denen Gerechtigkeit wohnt; die Vision von der neuen Stadt Gottes, die Krieg, Leid und Geschrei, ja selbst den Tod nicht mehr kennt; die Vision eines unvergänglichen Lebens, in dem alle Tränen abgewischt werden; die Vision von unmittelbarer Gemeinschaft mit Gott; Gott selbst wird unter uns wohnen.

Davon gemeinsam zu träumen, diese Vision zu teilen, das entrückt uns Christen nicht in ein Wolkenkuckucksheim, sondern schenkt uns einen realistischen Blick auf die irdische Wirklichkeit, weckt in uns Kräfte zur Veränderung, ist uns Anlass und Ermutigung, umzukehren und Buße zu tun.

Diese Vision vom kommenden Gottesreich lässt die Einsicht wachsen: Gottlosigkeit und die Abwendung von Gottes Wort und Weisung zerstören Leben, das eigene, das anderer Menschen und das unserer Erde. Gottlosigkeit zerstört Menschlichkeit und Mitmenschlichkeit. Gottlosigkeit hat Unbarmherzigkeit, Unrecht, Gewalt und Zerstörung zur Folge.

Umkehr und Buße sind deshalb keine überflüssigen, frömmelnden Rituale, sondern verbunden mit dem kritischen Blick auf den bisherigen Weg. Sie sind das Ende von schönen Versprechungen und verdummender Propaganda. Umkehr und Buße sind Abkehr von Lüge, Gewalttätigkeit, Ausbeutung und Unterdrückung, von Zerstörung und kaltem wie heißem Krieg.

Nicht „irgendwie" neu soll alles werden. Darum brauchen wir die Maßstäbe und Bilder der biblischen Visionen und prophetischen Träume. Darum hören wir nicht auf, uns einander diese biblischen Visionen und Träume zu erzählen, sie miteinander zu teilen, sie weiterzuträumen und Gottes Geist um konkrete, heilende Visionen für unsere unheile Gegenwart zu erbitten. Darum bezeugen wir die Kraft dieser Träume, die uns hilft, uns von allem abzuwenden, womit wir als Einzelne und als Staaten Unfrieden stiften und Unrecht fördern, womit wir andere weinen machen und den Todesmächten Raum geben in unserem Leben und in unseren Gemeinschaften.

Träumen wir gemeinsam von Gottes neuem Himmel und Gottes neuer Erde, wo Frieden und Gerechtigkeit sich küssen, wo alle Tränen getrocknet werden und der Tod keine Macht mehr hat, damit durch unser gemeinsames Träumen eine neue Wirklichkeit beginnt.

Was ist zu tun?

Stellt euch nicht dieser Welt gleich
Sondern ändert euch durch Erneuerung eures Sinnes
Damit ihr prüfen könnt
Was Gottes Wille ist.

Nämlich das Gute und Wohlgefällige
Und Vollkommene.

Wir bitten und betteln
Wir atmen und japsen
Rasen und rappeln uns wieder auf
Laufen weg und kommen wieder
Husten und strahlen
Weinen und schweigen
Geben auf und fangen uns wieder
Gehen zum Zahnarzt und haben ein gespaltenes Herz
Schwingen Reden
Steigen auf Berge
Geben Zeichen
Laufen um unser Leben
Verlieren Haare und Zähne
Tragen eine Maske

Und wollen nichts mehr hören und sehen

Siehe da
Die Hütte Gottes bei den Menschen
Und er wird bei ihnen wohnen
Und sie werden sein Volk sein
Und er selbst

Gott mit ihnen
Wird ihr Gott sein
Und Gott wird abwischen alle Tränen von ihren Augen
Und der Tod wird nicht mehr sein
Noch Leid noch Geschrei noch Schmerz
Wird mehr sein
Denn das Erste ist vergangen.

HANNS DIETER HÜSCH

Quellennachweis

- „Für eine Zukunft in Solidarität und Gerechtigkeit", aus: „Gemeinsames Wort zur wirtschaftlichen und sozialen Lage in Deutschland" (Absatz 107) © Rat der Evangelischen Kirche in Deutschland und die Deutsche Bischofskonferenz, 1997.
- Dietrich Bonhoeffer, Barcelona, Berlin, Amerika 1928–1931 © 2001, Gütersloher Verlagshaus, Gütersloh, in der Verlagsgruppe Random House GmbH.
- Margarete Clasen: Hiobsbotschaft, aus: dies.: Trauersplitter © 2006 Der Hospiz Verlag, Ludwigsburg.
- Hilde Domin, Bitte, aus: dies.: Gesammelte Gedichte © S. Fischer Verlag GmbH, Frankfurt am Main 1987.
- Wolf Erlbruch, Antworten, aus: ders.: Die große Frage © Peter Hammer Verlag Wuppertal, 2004.
- Hanns Dieter Hüsch: Kommen und Gehen, aus: Hanns Dieter Hüsch/Vincent van Gogh: Das kleine Buch aus heiterem Himmel, Seite 42, 2008/2 © tvd-Verlag Düsseldorf, 2004.
- Hanns Dieter Hüsch: Im Übrigen meine ich, aus: Hanns Dieter Hüsch/Jean Miro: Das kleine Buch zwischen Himmel und Erde, Seite 36, 2010/7 © tvd-Verlag Düsseldorf, 2000.
- Hanns Dieter Hüsch: Was ist zu tun, aus: Hanns Dieter Hüsch/Jean Miro: Das kleine Buch zwischen Himmel und Erde, Seite 46, 2010/7 © tvd-Verlag Düsseldorf, 2000.
- Hanns Dieter Hüsch: Ich setze auf die Liebe, aus: Hanns Dieter Hüsch/Michael Blum: Das kleine Buch zum Segen, Seite 46, 2010/11 © tvd-Verlag Düsseldorf, 1998.
- Marie Luise Kaschnitz: „Glauben Sie", aus: dies.: Gesammelte Werke, Band 5: Die Gedichte © Insel Verlag Frankfurt am Main 1985.
- Kurt Marti: Neues Osterlied © Kurt Marti.
- Kurt Marti: Der Himmel, der ist, ist nicht der Himmel, der kommt (EG 153) © Kurt Marti.
- Eugen Roth: Menschenbilder © Dr. Thomas Roth.
- Dorothee Sölle: Genauer wünschen lernen, aus: Dorothee Sölle: Fliegen lernen. Gedichte © Wolfgang Fietkau Verlag, Kleinmachnow.
- Dorothee Sölle: „Da kann man nichts machen" ist ein gottloser Satz © Fulbert Steffensky.
- Die Bibelstellen sind zitiert nach: Lutherbibel, revidierter Text 1984, durchgesehene Ausgabe in neuer Rechtschreibung, © 1999 Deutsche Bibelgesellschaft, Stuttgart.